Coaching Students

[美] 佩格·道森（Peg Dawson）
理查德·奎尔（Richard Guare） 著

# 中小学生
# 执行力
## 训练手册

教出高效、专注、有自信的学生

with Executive Skills Deficits

中国青年出版社
CHINA YOUTH PRESS 中青文传媒

图书在版编目（CIP）数据

中小学生执行力训练手册：教出高效、专注、有自信的学生 /
（美）道森，（美）奎尔著；刘白玉，张杰，李科译．
—北京：中国青年出版社，2015.9
（常青藤教育书系）
书名原文：COACHING STUDENTS WITH EXECUTIVE SKILLS DEFICITS
ISBN 978-7-5153-3538-4

Ⅰ．①中⋯　Ⅱ．①道⋯ ②奎⋯ ③刘⋯ ④张⋯ ⑤李⋯
Ⅲ．①中小学生－能力培养－手册　Ⅳ．①G635.5-62
中国版本图书馆CIP数据核字（2015）第170781号

Coaching students with executive skills deficits
By Peg Dawson, Richard Guare
Copyright © 2012 The Guilford Press
Chinese translation copyright © 2015 by China Youth Press
All rights reserved

## 中小学生执行力训练手册：
## 教出高效、专注、有自信的学生

| | |
|---|---|
| 作　　者： | （美）佩格·道森　理查德·奎尔 |
| 译　　者： | 刘白玉　张　杰　李　科 |
| 策划编辑： | 肖妩嫔 |
| 文字编辑： | 黄　婧 |
| 美术编辑： | 佟雪莹 |
| 出　　版： | 中国青年出版社 |
| 发　　行： | 北京中青文文化传媒有限公司 |
| 电　　话： | 010-65511270 / 65516873 |
| 公司网址： | www.cyb.com.cn |
| 购书网址： | zqwts.tmall.com |
| 印　　刷： | 大厂回族自治县益利印刷有限公司 |
| 版　　次： | 2015年1月第1版 |
| 印　　次： | 2022年3月第2次印刷 |
| 开　　本： | 787×1092　1/16 |
| 字　　数： | 150千字 |
| 印　　张： | 16 |
| 京权图字： | 01-2013-2475 |
| 书　　号： | ISBN 978-7-5153-3538-4 |
| 定　　价： | 49.90元 |

**版权声明**

未经出版人事先书面许可，对本出版物的任何部分不得以任何方式或途径复制或传播，包括但不限于复印、录制、录音，或通过任何数据库、在线信息、数字化产品或可检索的系统。

中青版图书，版权所有，盗版必究

# Coaching students with Executive skills deficits

## 目录 contents

- 005　前言　一套完整的执行力解决方案

- 011　第一章　青少年的执行力问题
  - 013　什么是执行力
  - 014　执行技能的分类
  - 014　青少年必备的执行技能

- 017　第二章　指导学生而不是管理学生
  - 017　提高学生的持久注意力
  - 018　说到即是做到——言行一致培训
  - 018　帮助学生设定目标
  - 019　增强学生自我管理能力

## 025　第三章　快速改善学生执行力的方法：行为指导法

026　具体指导过程
030　明确学生的长期目标
042　怎样开始第一次指导课
047　后续指导课程
054　计划没有执行怎么办？
057　如何成功退出指导
058　指导方式也可以很灵活
061　针对低龄儿童的指导
064　针对高中学生的指导

## 067　第四章　高级指导技巧

069　沟通技巧
081　测试学生的执行技能
085　对指导的效果进行记录
092　帮助学生解决难题

## 105　第五章　个性化学习指导：班级同侪指导

106　同侪指导的优越性
106　同侪指导的类型
108　利用同侪指导提高执行力
111　帮助学生成为自主学习者

112 教学生学会目标设定、交互式指导和自我监督

## 第六章 执行力与社交技能 123

123 帮助学生克服社交困难

125 用于培养社交技能的同侪指导

127 什么样的学生可以成为一名出色的指导教练

133 同侪指导训练手册

## 第七章 指导的终极目标： 139
让学生获得更大的独立性和自主性

141 提供更好的指导策略

142 帮助孩子更好地实现人生目标

## 实践练习题 143

143 练习1：转述

144 练习2：反应式倾听

145 练习3：开放式提问和封闭式提问

147 练习4：支架式教学

150 练习5：清晰的指令

152 练习6：具体的表扬

152 练习7：优势与不足

154 练习8：指导计划

154 练习9：生成目标达成评级表
155 练习10：绘制近期目标图表
156 练习11：检查表
157 练习12：评价表
157 练习13：解决问题
159 练习14：个别教育计划（简称IEP）目标
159 练习15：介入反应模式（简称RTI）框架内指导

## 161 实践练习答案

## 171 附录：可反复使用的学习材料

177 附录1　认识自我
180 附录2　执行力半结构化访谈
187 附录3　执行力调查问卷——成人版
191 附录4　执行力调查问卷——学生版
194 附录5　长期目标设定表
198 附录6　周期目标设定表
200 附录7　日常指导表
201 附录8　（逐渐退出）指导计划表
202 附录9　日常作业计划表
203 附录10　儿童指导表
204 附录11　如何写文章

| | | |
|---|---|---|
| 210 | 附录12 | 如何计划并完成长期项目 |
| 214 | 附录13 | 如何复习考试 |
| 216 | 附录14 | 如何使笔记本/家庭作业条理有序 |
| 218 | 附录15 | 如何做笔记 |
| 222 | 附录16 | 学会解决问题 |
| 225 | 附录17 | 目标达成情况等级表 |
| 226 | 附录18 | 评价量表 |
| 227 | 附录19 | 介入反应模式（RTI）进度监督表 |
| 228 | 附录20 | 指导工作说明 |
| 230 | 附录21 | 家长许可信 |
| 232 | 附录22 | 指导协调员汇总表 |
| 233 | 附录23 | 指导协调员每周检查表 |
| 234 | 附录24A | 指导反馈表——学生版 |
| 236 | 附录24B | 指导反馈表——老师版 |
| 238 | 附录25 | 数学学习目标计分表 |
| 239 | 附录26 | 独立工作时间计分表 |
| 240 | 附录27 | 上午指导行为计分表 |
| 241 | 附录28 | 日终例行计分表 |
| 242 | 附录29 | 空白记录表 |
| 243 | 附录30 | 班级小组和老师花名册 |
| 244 | 附录31 | 同侪教练的互助指导步骤 |
| 245 | 附录32 | 学生每日目标设定步骤 |

246　附录33　每日目标记录表
247　附录34　奖励清单
248　附录35　每周目标记录表
249　附录36　给特定学生家长的信
250　附录37　给同侪教练家长的信
251　附录38　指导效果总问卷

# Coaching students with Executive skills deficits

## 前言 preface

### 一套完整的执行力解决方案

几年之前,我看到一篇论文,题目是"为什么教育改革最终几乎总是将事情弄得更糟"。作者引用了彼得·德鲁克对成功创新的理解。德鲁克说:"从历史的角度讲,在整个人类历史上,绝大多数的创新观点和改革都没有取得成果,大多数留下来的仅仅是人们感兴趣的观点。"德鲁克提出了创新成功的特点:创新要成功,就必须提供一个解决方案,此方案必须包括实施和宣传的完整系统。

在写本书时,我们的目的就是要提供一个执行力解决方案,这个方案能够包括实施和宣传的完整系统。我们对本书中要介绍的指导法兴奋不已,因为它是因缺乏执行力而学习不佳的学生的希望。

1998年,我们出版了一本指南,名叫《如何指导注意力不集中的学生》。自那以后,我们出版了几本执行力技巧的书,分别面对的是不同的读者——学校心理医生和其他教育工作者、父母、公司职工。尽管我们的指导指南早于我们的执行技巧著作出版,但我们很快意识到,行为指导是帮助所有年龄段的学生改善执行力的最理想方法，本书正是将指导和执行力紧密结合在一起。

我们的指导模型是基于这样一个事实：它是以行为学的理论建立的。我们对指导法很有信心，因为指导法是有经过实践证明行之有效的，应该成为干预表现不佳学生的重要方法之一。

另外，指导法丰富多彩，能够自我完善，以适应不同类型学生的需要，因此成为学校使用的理想工具。在第一阶段，教师可以对整个班级进行指导干预，以帮助学生获得完成组织任务的技巧和记住家庭作业的技巧。在第二阶段，可以在小组范围内进行指导干预，主要针对处于"危险"中的学生，即那些由于缺乏执行技巧而导致社交困难的学生，如反应迟钝，感情不能控制，时间管理差，缺乏规划，不会要事优先，不会组织管理等。第三阶段，指导成为个人帮助计划的基础，主要针对那些执行力严重缺乏而可能导致学习不及格的学生。

尽管《如何指导注意力不集中的学生》那部书非常受欢迎，但自出版以来，我们获得了更多的指导经验。我们相信，现在这部书对指导的描述更具体、更全面。在书中，我们给学校和老师们提供了他们需要的教学方法，提供了丰富的教学细节，帮助他们设计指导教学项目，提供教学框架。

这本书还提供了很多高级指导技巧，包括有效沟通技巧、改善所指导的学生的执行能力的技巧、证明指导效果的测量方法和老师用于帮助学生解决社会问题和学业问题的解决问题的程序，等等，书后还有大量的实用的附录和表格供老师们使用。

我们鼓励读者从小处着手，选择一个需求相同的目标人群，在小范围内进行，希望指导教学法使所有的读者都能受益。

# 第一章
## 青少年的执行力问题
Executive Skills and Brain Development

**案例1**

肖恩是个15岁的男孩,非常聪明,毕业后想当工程师。他对发明有自己独特的想法,一直梦想着发明一些东西。当他在教室上课时,或者该做作业时,他也在想他的发明。他明白,要实现自己的梦想,必须好好学习考上大学,因为只有在大学里才能给他实现发明梦想的教育。问题是,中学里的很多事情令他反感,他无法集中精力听不感兴趣的课,并且发现老师布置的很多作业非常无趣,也无法集中精力完成。由于缺乏兴趣并喜欢"白日做梦",他经常漏掉老师布置的作业和任务,譬如历史作业应当包括什么内容,下次西班牙课考试的时间等。他的父母经常批评他,并尽力让他走在正常学习的轨道上,但是他们常常感到无能为力,因为他们总不能天天和孩子一起上学,去跟老师交流吧,他们怎么帮他呢?

**案例2**

艾伦是一个14岁的女孩,是一位"社交家",她的生活围绕着朋友转,对朋友的事情了如指掌。她很富有同情心,对事情也有独到见解。她的很多朋友遇到事都来找她，听她的建议，趴在她肩膀上哭泣，甚至让她调解啦啦队的分歧。她对此非常自豪，认为自己也许应该找一份心理学方面的职业。艾伦目前上八年级，很聪明。老师说，只要她努力，她的作业每次都能做得非常好。不幸的是，她的课外活动太多了，以致常常完不成老师布置的作业。虽然她每次都早早地计划做作业，但是她的朋友经常打扰她，不是发个短信让她回复，就是请她处理在facebook上的冲突，打断了她做作业的计划。她的很多作业都没有完成，期中考试有几门不及格，难怪她的父母对她很生气，她自己也对自己很不满意！

## 案例3

安东想交朋友，但他的坏脾气和好冲动的性格却让他交不到朋友，下课后他经常一个人玩耍，这令让他十分恼火。他常常跟同学争辩，这让他跟同学之间竖起了一堵墙，有时候他又说一些愚蠢的话，于是同学便离他远远的。他想，如果告诉小伙伴们自己是一名优秀的足球运动员，也许能够参加到团队里去，但这却令小伙伴们更烦他。休息结束后，他感到非常不舒服，就想踢桌子，或者向窗外扔东西。有这种感觉，他能集中精力上好下午的数学课吗？

这些年轻人面对着不同的挑战、不同的个人发展，但他们都有一个共同的问题——缺少执行力，这不仅会影响与人友好相处，还会影响他们在学校的表现。从孩子们跟周围环境开始打交道起，大人们就期待他们能够利用执行技能，行为自律，负责任地完成计划到主动做家务和家庭作业。即使孩子不懂得什么是执行力，不懂得执行力是如何影响行为和学习成绩的，家长和教师也希望孩子们具备执行力。

执行力差的孩子做事没有条理，容易忘事，不会主动做作业，容易分心，经常忘记带课本，或者忘交作业。他们做事马马虎虎，游手好闲，粗心大意，经常犯错。对于作业他们不知道从哪里下手，或者等到最后一分钟才做（部分原因是他们不懂判断任务的轻重，不知道多长时间能够完成），他们的书桌也通常杂乱无章。

幸运的是，现在有了帮助年轻人发展有效执行力的干预方法，我们称之为"行为指导法"。指导法和其他理论及行为问题干预法不同，第一，指导法关注自我管理，目的是给年轻人一些工具，在他们面对各种问题时，能够最终使用这些工具有效地解决问题。第二，通过使用目标设定法，指导法通常一次只对准一两个行为。对准的行为具体，可以衡量，这样规划和实现目标就不成问题。第三，指导的目的是形成习惯，而习惯是日积月累形成的。

在我们继续介绍指导法之前，读者需要进一步的了解执行力的背景：什么是执行力，执行力在儿童时代和青年时代是如何发展的。

## 什么是执行力

"执行力"属于神经心理学的概念，**指的是需要规划和指导行为的认知过程，包括任务启动、任务跟随、工作记忆、持续注意力、业绩检测、抑制冲动、目标导向的毅力等。**

婴儿刚出生时，大多数属于"刺激活跃型"，因为他们对周围环境的任何刺激都特别关注。到一岁时，他们有了集中注意力和抑制某些反应的能力。随着年龄的增长，他们记住过去经历的能力也日益增长，可以根据过去学到的经验调整反应。他们发现，如果大哭，就会有人给他们吃的，或者给他们换尿布；如果他们微笑或者大笑，周围的人也会微笑或者大笑，这样他们就得到了其他人的愉快反应，这些都是产生执行技能的早期征兆。随着年龄的增长，这些技能会变得越来越复杂，但在成长过程中，这些技能会帮助孩子们达到控制周围环境和自己行为的最终目的。

儿童和青少年是习惯形成的关键期，不断练习的行为和习惯——体育活动、电子游戏、开车等保留了下来并得到加强。如果学生对重要的习惯不反复练习，他们就失去了锻炼大脑的大好时机。这就是指导的重要性，指导不仅能够帮助学生在学校期间形成良好的习惯，而且也能够使他们受益终生。

## 执行技能的分类

汤姆·布朗对执行技能做了不同的解释。他认为，执行技能包括六个方面：**激活**（包括组织、目标优选、激活工作等）、**聚焦**（集中注意力、保持注意力和转移注意力）、**努力**（包括警觉、保持努力）、**情绪**（管理挫折、控制情绪）、**记忆**（即工作记忆）、**行动**（监控行动和自我调节行动）。

焦亚、盖伊、肯沃斯等专家将执行技能分为两大类：第一，与行为管理有关的技能，如情绪管理、冲动管理、需要认知的情境管理。第二，是与元认知或者思考的技能，如主动开始工作，保持注意力，保持在做正确事情的轨道上，任务规划和组织，根据环境和其他人的反应管理行为等。

## 青少年必备的执行技能

我们在对儿童和青少年分类时，有很多独立的执行技能。表1.1中，共有11个执行技能，我们认为这些技能更可能对孩子们的学习成绩及社会调节能力产生影响。表中对每个技能都给出了定义，并举例说明。

**表1.1 执行技能定义**

| 执行技能 | 定 义 | 举 例 |
|---|---|---|
| 抑制反应 | 行动之前进行思考的能力。这个能力是抑制说话或做事的欲望，让你的孩子有时间评估他面对的情况，并评估他的行为可能对目前情况的影响。 | 小孩子能够等一段很短的时间，而不惹麻烦，青少年能够接受裁判的裁定，而不争论。 |
| 工作记忆 | 在执行复杂任务时大脑记住信息的能力，它包括将过去的所学和经验应用到目前任务中的能力，及应用到未来工作的能力。 | 小孩子能够记住并执行一到两个指令，中学生能够记住很多老师的要求。 |
| 情绪控制 | 管理情绪实现目标、完成任务的能力，或者管理和指导行为的能力 | 小孩子能够在很短的时间内从失望中恢复过来。十几岁的孩子能够处理好游戏和考试之间的关系，并且考试考得很好。 |
| 持久注意力 | 即使有分心的事情、疲惫或者厌倦，仍然能够持续关注某事或某任务的能力。 | 小孩子在父母偶尔指导的情况下，能够花五分钟时间完成某个家务。十几岁的孩子中间稍微休息一会儿，能够持续一到两个小时写作业。 |
| 任务启动 | 主动以高效率的方式开始做事的能力。 | 小孩子在父母或老师发出指令后，立刻开始做家务或者做作业，十几岁的孩子在作业没到最后期限前开始写作业。 |
| 规划/优先顺序 | 创建规划图、实现目标或者完成任务的能力，也指对什么是重要事情，什么是不重要事情做出决定的能力。 | 小孩子在父母或老师的指导下，能够想出解决与小伙伴冲突的方法，十几岁的孩子能够制定一个找工作的方案。 |
| 组 织 | 创建并维护系统，以保存信息或者材料的能力。 | 小孩子在父母或老师的提示下，能够将玩具放在指定的地方，十几岁的孩子能够梳理并存放运动器械。 |

（续表）

| 执行技能 | 定　义 | 举　例 |
|---|---|---|
| 时间管理 | 估计自己拥有多少时间，如何分配时间，如何遵守时间能力。 | 小孩子能够在指定的时间内完成一件小事情，十几岁的孩子能够制定完成作业的时间表。 |
| 目　标 | 设定目标，追随目标，不被其他感兴趣的事情打断或者分散注意力的能力。 | 小孩子能够完成作业再休息，十几岁的孩子能够在一段时间内赚钱、攒钱，买一件重要的东西。 |
| 灵活性 | 面对障碍、挫折、新信息或者出现的错误，能够更改计划的能力，它是指适应新情况的能力。 | 小孩子能够不是很伤心地适应更改了的计划，十几岁的孩子找工作时，如果首选的工作没有，则能够选择第二个。 |
| 元认知 | 退后一步，观察自己面临的境况，观察自己如何处理问题的能力，也包括自我管理、自我评估的技能。 | 小孩子根据大人的意见，改变自己的行为。十几岁的孩子能够监控和批评自己的表现，并根据其他更有经验的人的做法改变自己的表现。 |

# 第二章
## 指导学生而不是管理学生
Theoretical Underpinnings for Coaching

学生们更需要"教练",而不是"管理者",即需要人"指导",而不是"管理",正如洛韦尔和瑞提所指出的:

> 一个人站在球场边,脖子上挂个哨子,对球场的运动员来说,吹出的是鼓励、指导和提醒。教练有时候很烦人,不停催促运动员保持警惕,但当运动员要放弃时,教练又是鼓励他们的源泉。教练的主要任务是让运动员专注于目前的任务,同时又一直在鼓励运动员。

指导过程不仅适应于有注意力不集中症的学生,还适应于在学校由于执行力差而学习不好的学生。

## 提高学生的持久注意力

巴克利在1997年明确指出,如果缺乏目标导向,个人常常受当时环境的制约。这就意味着，他们对新的、本来应该感兴趣的任务缺乏持久的注意力，而常常受到外部因素的影响（奖赏和惩罚），例如，对于某些青少年来说，玩游戏、看喜欢的电视节目或者参加喜欢的活动时，都会做得很好。在课堂上，如果老师讲的内容他们非常喜欢，或者老师的讲课方式非常迷人或者有趣，他们也会听得很认真。不幸的是，当短期活动（例如玩魔兽争霸游戏）和长期目标（例如在化学上得高分）相冲突时，年轻人就缺乏巴克利所称的术语"目标导向的持久力"，他们很难做到将眼前的利益放在一边，而去努力工作以获得长期的利益。

我们相信，对青少年的行为进行干涉，是非常重要的，有助于帮助他们达到长期的目标，或者培养他们以目标为导向的持久注意力。

## 说到即是做到——言行一致培训

当某人口头承诺他要进行某行为时，就增加了他实际会进行这项行为的可能性，例如，在我们的指导中，我们要求学生报告他们在下次上课之前计划完成什么任务，并明确什么时候完成这些任务。

"言行一致培训"（表2.1）是一个已经得到验证的行之有效的干预法，被证明对很多不同类型的人群都非常有效。"言行一致培训"是指导过程的重要组成部分，是指导学生的日常检查内容。没有这个培训，我们就是在不经意地强迫学生做出承诺，却没有让学生信守承诺。

## 帮助学生设定目标

指导过程的另一个重要元素是目标设定，大量实证研究证明了目标设定的价值：它能够大大提升业绩。尽管这些研究是在成人的工作环境中进

**表2.1 "言行一致培训"成功的关键**

| 研究称 | 实践指南 |
| --- | --- |
| "说到做到"比"做到说到"效率更高。 | 让学生事先说出他要进行的行为,例如"我在大家坐成一圈玩游戏时会举手"或者"今天晚上我会准备一个小时的社会学考试"。 |
| 表扬那些完成许诺行为的学生胜于表扬那些仅仅许诺的学生。 | 学生完成行为目标后再表扬他们,例如,"我看见你在大家坐成一圈玩游戏时举了四次手,你说到做到。" |
| 有证据表明,在某些情况下,可以采取奖励方法,也可以采取惩罚方法。 | 这种方法只适应于在奖励办法不起作用时再使用。 |

行的,但有足够的证据表明,也同样适用于学校环境下的儿童和青少年。

目标设定有四个作用:第一,它指导行为——做与目标有关的行为,远离与目标无关的行为。第二,它起激励作用——高目标比低目标更能激发人们的努力。第三,它鼓励坚持不懈。第四,它激励人们发现或使用与目标相关的知识或者策略。

各种形式的指导都围绕着目标设定,无论是我们面对需要完成作业的二年级学生,还是需要学习社交技巧的五年级学生,或是需要通过考试的高中学生,首先要求学生设定目标。

表2.2和表2.3列出了需要使用目标设定提高学习成绩的最有效方法。

## 增强学生自我管理能力

指导的最终目的是增强学生的自我管理能力,这样,他们不再依靠别人提示他们、指导他们、帮助他们来使用执行技能完成自己的目标。

### 表2.2 目标设定成功的关键

| 研究称 | 实践指南 |
|---|---|
| 设定具体目标比要求学生"尽最大努力"效果更好。 | 帮助学生制定可以衡量的目标,例如,为了化学考试学习45分钟。 |
| 以上情形有一个例外,如果任务复杂,要求学生"尽最大努力"比具体目标效果更好,这是因为这样做可以降低可预测的压力和执行焦虑。 | 帮助学生确定他们所设定的目标是"简单"还是"复杂",鼓励学生对有些目标设定得复杂一些,对复杂目标可以采用较松的评分办法——让他们采用通过/未通过的评分方法。 |
| 如果有短期的近期目标,也叫临近目标,复杂任务更可能完成,要设定达到这些目标的具体步骤。 | 对于复杂的任务,一定要有规划,并且制定具体步骤,对每个步骤设定近期目标。 |
| 如果对学生采用的培训方法适当,他们一般能完成较高目标。如果培训方法不当,他们更可能完成较低目标。 | 保证学生获得完成他们目标的正确方法,如果有必要,告诉他们完成目标所需要的具体步骤。 |
| 即使学生知道如何管理时间去完成任务,艰难的目标也常常需要付出更多的努力,但是,在时间和付出之间,总能找到平衡。 | 让学生选择:是短时间努力、高强度的工作,还是长时间放松、低强度的工作,帮助学生明确工作的节奏。 |
| 目标可以是老师分配给学生,也可以是老师和学生共同商定。只有当学生明白目标或者理解目标背后的基本原理时,分配任务才有效率。一般来讲,如果让人们自己选择目标,人们常常设定较高的目标,执行力也更好。 | 因为指导的目的是教会学生们自我确定,所以,如果有可能,最好是让学生自己确定目标。在开始,学生可能需要帮助,那么,就建议一个目标,并说明这个目标背后的原理。 |
| 自信心高的人一般比自信心低的人设定的目标要高,他们更可能专注于实现目标,为实现目标采取更有效的方法。 | 对于经常失败和缺乏自信心的学生,老师应该鼓励学生在开始先设定比较容易的目标,然后再一步步提高。 |
| 可以通过如下方法提高学生的自信心:(1)采取合适的培训方法;(2)让学生角色转换;(3)采取打动人心的沟通方式,让学生增强实现目标的自信心。 | 在整个指导过程中,老师要保证使用这些方法。 |

(续表)

| 研究称 | 实践指南 |
| --- | --- |
| 学习目标（一个人希望获得的技能或者知识）与业绩目标（一个人想完成的任务）不同，当学生设定不同的学习目标时，目标特征非常关键。 | 有一种情况，既适应于学习目标也适应于业绩目标，尤其是由于没有完成任务而考试没有通过的学生。指导经常关注业绩目标，但是好的老师也会关注学习目标，因为学习目标常常伴随着较高的动力和固有的兴趣。 |
| 目标加反馈比单独强调目标更有效。 | 日常指导应当加入业绩反馈，例如，昨天设定的目标你完成了几个？你说你数学分数要得85分以上，你做到了吗？ |
| 采用归因训练能够增强业绩反馈，例如，培训学生将成功归因于努力或采用正确方法，将失败归因于不努力或没有采用正确方法，而不是能力。 | 应当问学生："你成功或者失败归因于什么？"，也应当鼓励学生解释控制自己行为的原因，如"我很努力"、"我学习时间长"，不要用其他原因，如"我很幸运"、"这次考试简单"。 |

自我管理指的是，学生使用一些方法来改变他们的行为，以便实现行为目标和学术目标，这些方法包括自我监控、自我评估、自我指导、自我加强。表2.4（第23页）概要地列出了每个例子的叙述语，并举出了例子。

自20世纪60年代末以来，研究人员一直在关注课堂背景下的行为自我管理，有一些很有说服力的结果来支撑改变学生行为的自我管理方法。法奴和他的同事确认了十一个进行自我管理干预的要素，学生要对这些要素自我负责：(1)选择目标行为；(2)确定目标行为的可操作性定义；(3)选择第一奖励（注：第一奖励主要是指人的生理方面的奖励，如食物和水）；(4)设定业绩目标；(5)指导自己快速进入目标行为角色；(6)观察目标行为；(7)记录已经发生的目标行为；(8)评估业绩目标是否达到；(9)目标达到时，给予第二奖励（注：第二奖励也称为有条件的奖励，与

### 表2.3 提高积极性成功的关键

| 研究称 | 实践指南 |
| --- | --- |
| 为实现目标或完成任务而奖励自己的学生，比惩罚或不奖励自己的学生学习效率高。 | 鼓励学生找到一个奖励自己的方法，在完成任务后或为完成任务而完成某一具体项目后奖励自己，这个奖励可能是某件自己完成任务后特别想要的东西，或某件特别想做的事。 |
| 自我对话和与高水平地参与任务或完成任务有很多关系，掌握自我对话法就能够更好地利用规划、自我监控和自我努力策略。 | 教会学生学会两种方法：掌握自我对话法，例如，我要攻克这道代数题，直到彻底弄清楚它的原理！业绩自我对话法，例如，我做得太棒了！数学作业难倒了我，但我没有放弃，直到把它完成。 |
| 学生能够通过提高兴趣，使任务变得更愉快、更有趣或更有挑战性而提高学习成绩。 | 帮助学生将任务变成游戏，通过自我选择最后时限，明确完成任务的目的等方法挑战自己，例如，在阅读作业中，通过提一个他们想回答的问题，或通过阅读作业中的要点形成他们自己的观点，或通过寻找证据支持或者反驳他们的观点。 |
| 有些学生采用"自我禁锢法"，例如，将作业留到最后一分钟再做，或留到最后一晚上再做。他们说，这种方法能激励他们在短时间内完成作业，但研究表明，这个方法不合适，而且，这种方法付出的努力少，质量差，因为学生往往利用时间紧作为作业差的借口。 | 如果学生说，他们面临最后期限来临的压力工作才处于最佳状态，老师就要挑战这种信念，跟学生解释，绝大多数研究支持将工作时间分配效果更佳，即，将工作分配在一定时间内完成，而集中完成工作效果较差，即，在某一时间完成大量作业，如为考试而死记硬背。 |
| 近期目标和自我设定目标能够提高学生完成任务的动力。 | 见表2.2的实践建议。 |
| 通过情感管理的技巧可以提高学习的学习积极性。 | 教给学生降低负面情绪的方法，例如，通过放松的技巧或者暂时停止的技巧；教给学生提高积极情绪完成手头任务的方法，例如，完成一项挑战性任务，为自己付出的努力而感觉到的自豪感和成就感。 |

**表2.4　自我管理策略类型**

| 类　型 | 说　　明 | 举　　例 |
|---|---|---|
| 自我监控 | 学生认识到目标行为的发生，并记录行为的某些方面。 | 学生核对，在间隔时间不固定时，是否注意到了电子音乐的音调。 |
| 自我评估 | 学生将自己的行为跟以前自己或者老师设定的行为准则进行比较。 | 学生将自己完成的作业跟设定的样板作业进行比较。 |
| 自我指导 | 学生用自我对话法来指导自己的行为。 | 学生列出为完成作业而激励自己或者解决问题的清单，例如，"完不成任务你不能走开"，或者"如果我自己弄不明白，我就请爸爸解释"。 |
| 目标设定 | 学生选择行为目标。 | （1）在晚上九点前完成作业。<br>（2）为了生物考试，每天晚上学习三十分钟，连续学习四个晚上。<br>（3）在本学期结束的周五那天，请两位老师给我写上大学的推荐信。 |

第一奖励一起起作用，如代币，分数和钱）；（10）目标达到时，给予第一奖励；（11）使用图表时时监控行为的发生。将自我管理的要素加入到指导干预中去的方法见表2.5。

指导干预对小学到大学有注意力不集中症的学生来说都非常有效，并能够用来解决学业成绩和社会问题。在下一章里，我们将给读者展示一个指南，如何确定指导干预以便满足学生的个人需求，并系统解决学生执行力差的问题学生表现差的问题。

**表2.5 自我管理要素**

| 要　素 | 学生参与的形式 |
| --- | --- |
| 目标行为选择 | 帮助学生明确需要处理的行为问题。 |
| 目标行为的定义 | 学生参与确定什么是目标行为的可操作性的定义，例如，在玩圆圈期间，手不要乱动。 |
| 第一奖励的选择 | 问学生什么是他们的第一奖励，帮助他们列出清单。 |
| 业绩目标 | 帮助学生设定目标行为的合理目标，例如，在下次回答问题的课上，我要多举手两次。 |
| 指导自己快速进入角色 | 帮助学生确定快速进入目标行为角色的方法，例如，我要利用厨房计时器或者自我标志法记住某个完成任务的行为。 |
| 观察目标行为 | 学生要负责观察自己的目标行为。 |
| 记　录 | 学生要找到记录目标行为发生或者缺失的最佳方法。 |
| 评　估 | 学生对确定何时完成任务至少负部分责任，例如，验证准确性的系统。 |
| 给予第二奖励 | 学生对自己展示目标行为给予自己分数或者代币。 |
| 给予第一奖励 | 学生积攒了足够的分数或者代币后，自己从奖励清单上给予自己奖励。 |
| 监　控 | 学生使用图表时时监控自己的目标行为。 |

# 第三章
## 快速改善学生执行力的方法：行为指导法
Basic Coaching for Academic Success

从本质上讲，指导法是帮助学生确定长期目标和日常行为的联系过程，长期目标也称为希望和梦想，日常行为是为实现长期目标而必须经常做的行为。很多表现不佳的青少年在指导前都经历过多年的失败，这就侵蚀了他们的自信心，损害了他们做事的动力，因为害怕又一次的失败。因此，方法一定要得当，要给学生带来希望，而不是承诺过多学生达不到的成果。

如前所述，指导法适应于从小学到大学所有年级的学生，以解决学生学习成绩不佳及社会技能差的问题，另外，指导法能够有效帮助学习成绩一般的学生。对于由于执行力差而成绩不好的学生，指导法也是理想的干预方法。多年以前，我们就发现，很多学生存在执行力差的问题，如组织能力差、时间管理不佳，这些技能的缺失正是阻止他们发挥潜能实现目标的重要原因。指导法可以指出学生执行力的优点和缺点，帮助学生克服缺点，加强优点，达到他们能够达到的高质量目标。

# 具体指导过程

## 指导开始前

第一，学生和老师确立的亲密关系是成功的关键：指导不仅仅是一个过程，而是一种关系，强迫学生跟老师一起工作就使指导过程变得很危险，应尽可能避免。

第二，一个重要目的是帮助学生成为一个独立的学习者，他能够为实现自选的重要生活目标做出日常的和长期的决策。我们相信，设定长期目标并愿意朝这个目标努力的欲望是前提条件。

带有负面情绪的学生也可能发现目标设定的过程非常令人满意，这可能是激发了他们到目前为止仍然处于休眠状态的学习兴趣。

## 选择老师

很多学生对指导法不反感，但对老师反感，因为这些老师曾给他们负面的影响。这个担心是合理的，因为指导会让学生在很大程度上处于被监控的位置，但同时，我们也发现，除了新生外，大多数学生在上学期间都有一个相处融洽的老师。

教师没有必要在心理学专业拥有较高的学位。在高中层面，指导老师可以是指导顾问或者是富有同情心的教师，也可以是资源班的教师或者是体育教师、校长助理。指导的主要目的是给学生提供一个富有同情心的成年人，他们的职责是每天检查学生，以保证学生工作在实现目标的正确轨道上。

一个优秀指导老师的个人素质是什么？表3.1列出了主要素质特点。

他必须可靠，能够做出规划，并遵守时间表。思维清晰也很重要：当学生描述某个目标非常模糊或者浮夸时，老师必须帮助学生变成能够达到的实际目标。一个优秀的老师不仅有自己处理问题的技能，更重要的是知道如何授权学生处理好问题，不是简单地教训学生或者简单地指导学生，而是使用苏格拉底问答法，问学生问题，引导学生自己确定问题答案。

**表3.1　优秀指导老师的素质**

- 他们喜欢学生，能够与学生自然相处。
- 他们很富有同情心，善于倾听。
- 他们可靠，组织能力强，规划技能高。
- 他们通过提问问题而不是训话教育学生。
- 他们经过指导培训。

老师需要热心、助人，能够指出其中的优点，将学生带入长期规划的蓝图，告诉学生他们还有多远的路要走。最后，一个优秀的老师必须对学生"投资"，同时不会让学生产生挫败感和失望感。

老师不仅给学生提供很多的支持，而且必须帮助学生解决问题，制订并完成每天的计划，有时候还必须催促学生对较差的执行力负责。

指导过程可以按照以下两个方法之一进行：或者根据个案，单独指导一个人；或者系统指导，选一位老师进行培训，然后指导所有学生。如果是单个指导，那么应当先对学生做心理评估，或者参考学校心理医生或者指导顾问的意见，这样可能更有效。我们可以跟学生和学生的父母进行探讨，让他们考虑是否找一个老师进行指导。对感兴趣的学生，我们跟他们进一步交流，让他们选择一位老师，并跟老师一起讨论指导过程。

## 具体步骤

**第一步：获得学生对指导的承诺**

指导过程要对学生讲清楚，并要求学生同意参与指导法。对学生的解释说明可以如下：

"克里斯，你的家长跟我联系，他担心你目前的学习成绩保证不了你进入想去的大学。我想知道，你是否想找一个指导老师指导你提高学习成绩。指导老师类似体育教练，他们帮助你确定想达到的目标，然后经常跟你见面，指导你走在正确的轨道上，从而实现目标。最初，你要跟老师每天见面，老师帮助你组织好有关学习任务，保证你记下了所有家庭作业，帮助你规划时间，这样你就能完成所有需要完成的学习任务。"

"指导老师不是告诉你做什么，他们不是'老板'，而是学习伴侣。大多数情况下，他们问问题的目的是让你记住你必须做的事情，然后制订比赛计划让你完成任务。如果你遇到了难事，他们帮助你克服——譬如，如何对项目进行计划，如何跟踪项目以便完成作业，如何在必要时获得学校老师的帮助，等等。如果你愿意，就可以先从小事做起，譬如在一次指导上完成老师布置的作业；或者可以做一些大事，譬如通过所有科目的考试，提高所有科目的分数，以便获得优秀学生称号，设定多高的目标由你自己决定。有些孩子常常从小事做起，获得阶段性成功，然后再获得更大的成功。"

"指导不需要花费太多时间——孩子们认为十分钟时间就足够了，或者在学校里（在午餐前，或自习课的前半部分），或者在上学前或放学后。不需要学生做出花费大量时间的承诺，但在指导开始时，我们要求学生必须做出每天与指导老师见面的承诺。随着时间的推移，制订计划和达到目标就容易多了，我们把见面指导的频率下降，譬如，每两天见一次面，然后每周两次，每周一次，依次递减。"

"指导不是强迫性的，我们发现，如果孩子不愿意，指导就起不到任何作用。如果孩子们愿意先试试，但是不成功，那么就不能强迫他们继续（尽管我们可以找到问题所在，并解决此问题）。

"所以，你认为指导这件事如何？你对此感情兴趣、愿意尝试一下吗？"

**第二步：给学生配备指导老师**

如前所述，如果学生选择他们熟悉并喜欢的人，指导就会非常成功。如果学校有指导项目，最好提供指导老师名单，跟学生一起探讨，从名单中选取一位最合适的老师。

**第三步：与指导老师确定第一次会面**

老师与学生第一次见面的目的就是确定双方的关系，并确定指导的长期目标。另外，这次见面，也确定以后每天指导的时间及地点。

**第四步：开始每天指导**

如前所述，我们强烈建议在开始时一定每天见面指导，随着时间的推移、任务的完成，可以逐渐减少指导次数。如果不能按时参加指导，老师和学生应该确定相互告知的程序，日常指导的细节过一会儿讨论。

## 明确学生的长期目标

长期目标的设定涉及三个主要方面：明确学生的长期目标是什么，确定完成长期目标的准则，描绘出实现长期目标的障碍。指导开始时就要明确长期目标，然后定期检查长期目标是否仍然合适，取得的进步是否有利于长期目标的完成。

拿高中生为例，在这个阶段，很多高中生没有意识到需求和期望值的变化。不像小学和初中生，高中生对课程选择的范围更广。执行能力差的学生倾向于"活在当下"，但是，通过目标设定的过程，让他们描述在高中和毕业后想要达到的目标，他们就能够制定比较现实的目标，并将日常表现和实现心仪的目标有机地结合在一起。

第二梯队的学生的长期目标设定包括高中期间的目标设定和高中毕业后的目标设定。如果他们计划上大学，那就有必要确定包括上大学的目标，如果学生心中有喜欢的大学，则可以把其列入目标中。

对于初中生，目标设定超过高中甚至初中阶段则是不可能的，但是，我们仍然鼓励老师跟学生一起设定一个更高的目标。当然，在这个指导阶段，初中生最终一般会选择短期的目标（譬如，通过所有科目的考试）。

我们把目标设定过程看作是指导过程的核心。对大多数表现不佳的学生来讲，缺乏设定目标并执行目标的能力是导致他们经常失败的主要原因。指导他们确定目标并执行目标能够帮助他们确定成功的正确轨道，并能够激励他们自我管理。另外，长期目标与他们的日常表现也有关联，如果没有这种关联（老师会不停地提醒学生目前表现与长期目标之间的关系），眼前的快乐和利益诱惑就会削弱学生完成任务的努力。最后，对部分学生来讲，这也许是他们第一次参与制定他们能够真正完成的具体目标。尽管在开始时不要过分强调目标设定的重要性，但是目标设定的确会增强学生的自信,提高学生的学习动力。当学生遇到困难,想改变已经确定的立场和行为时,我们发现,此时提出长期目标则非常有用。

有时候,长期目标的最初确定是由老师与学生一起进行。有时候,特别熟悉学生的老师可以帮助学生确定长期目标,家长也可以坐下来参与学生长期目标的确定。

## 第一步:收集背景资料

学生资料收集可以通过调查问卷和有组织的面试,书末的附件有两种表格可供选择。

第一张表格(附录1)让学生明确他们如何利用自己的休闲时间,他们的天才和优点在哪个方面,同时,也让学生明确他们想在哪个领域成为"专家"。通过问学生这个问题,老师就可以明白学生的激情在哪儿,从而在指导过程中加以利用。这个问题有多个用途。第一,它可以作为老师与学生第一次对话的开始。通过提问学生感兴趣的事可以激发学生的正能量,从而使指导过程有一个良好的开端。第二,它给学生机会让他们分享知识和专长,让学生明白此指导过程与之前的师生关系不同,以前的这些传统关系常常使执行力差的学生感到自卑。最后,有些学生无法明确高中毕业后的目标,通过问学生的激情所在,能够让学生将激情转变为实现有意义的目标。

第二张表格是"执行力半结构式访谈—学生版"(附录2),主要是确认执行力差的学生的优点和缺点。在指导前,老师对学生的缺点和优点了解得越清楚,就越能够在制定学生的长期目标时做得更好,方向更准确,在进行日常指导时针对性越强。例如,在这个精心设计的面谈中,如果有学生承认自己常常不知道需要花多长时间完成家庭作业,从而导致在最后期限来临时疲于应付，那么，老师在制订计划，尤其是长期目标的计划时就可以将学生的这一因素考虑进去。

## 第二步：定义长期目标

一旦学生的背景资料收集齐，老师就要按照"长期目标设定表（附录5）"让学生描述自己的长期目标。这些目标开始时可能很模糊，老师可以提问如下问题，让学生明确他们的长期目标。

"你想拿到高中毕业证吗？"

"原则上，你想上大学还是职业学校？"

"高中毕业后你想做什么？"例如，毕业后你想继续学习还是进行工作培训？还是找份工作（什么工作）？老师应当帮助学生明确此问题，越具体越好。

有些学生，甚至是高中生，没有想好毕业后干什么。尽管我们一直建议用此开头，但是，在面谈时如果发现学生对毕业后的想法非常模糊，而且短期可能改变不了，那么我们建议让学生关注更近的目标。例如，"毕业后你最想做的事是什么？"对那些对学校不满或者对未来没有信心的学生，在面谈后马上提问这个问题，可能效果更佳。

## 第三步：确定实现长期目标的步骤

一次只确定一个目标，老师与学生必须确定学生需要采取什么步骤才能实现这个目标。这些步骤有的可以非常简单，如通过所有科目的考试。

有的则需要更复杂一些，譬如，学生想考入竞争力很大的大学。指导的步骤则需要包括：首先进入优秀学生名单，第二要进入优秀班级，第三要参考课外学习活动，第四学习要考大学所需要的课程。表3.2和3.3列出了学生在"长期目标设定表"（附录5）中需要回答的前两个问题的例子。

有些老师会发现，对有些学生，制定阶段性的目标可能比制定长期目标效果更好。"周期目标设定表"（附录6）要求学生明确每门课要获得什么成绩，或者完成什么具体任务（例如，80%的数学作业要按时教给老师，历史考试要达到B-或以上）。如果学生确定每门课要获得一个具体等级成绩，老师就要帮助学生明确，为实现这个目标必须完成的事情。对那些设定很高目标的学生（譬如A或以上成绩），就要跟学生讲清楚，他们必须做出跟别人不一样的更大努力，才能实现这个目标。

**表3.2　长期目标设定样本1**

---

**长期目标：高中后的人生**。高中毕业后你打算做什么？你计划上大学吗？上什么类型的大学？计划找个工作吗？找什么类型的工作？创建一幅高中毕业后的人生画。如果这个问题很难回答，那就回答下面这个问题：高中毕业后你最想干一件什么事？

高中毕业后我计划考大学，然后成为一名海洋生物学家。我特别想研究鲨鱼，因为我对保护沙滩但又不伤害鱼类特别感兴趣。我的计划是：通过四年的大学学习后，得到一个学士学位。然后找到一份实验室助理的工作，干一段时间后，再回大学读研究生，拿到硕士学位，我计划在大学或者研究所工作。

**现在明确一个目标，然后专注于此**——像上面那样列出大纲。列出为实现这个目标你必须做的事情。

在高中表现优秀，要考上大学。为实现这个目标，我需要：
- 在大多数科目中获得好成绩。
- 在海岸科学中心做志愿者。
- 确定哪几所大学的生物学院比较好。
- 考察这些大学，选择自己喜欢的大学。

---

**表3.3　长期目标设定样本2**

> **长期目标：高中后的人生**。高中毕业后你打算做什么？你计划上大学吗？上什么类型的大学？计划找个工作吗？找什么类型的工作？创建一幅高中毕业后的人生画。如果这个问题很难回答，那就回答下面这个问题：高中毕业后你最想干一件什么事？
>
> 　　高中毕业后我想找一份跟计算机或者视频游戏有关的工作，但我不确定这份工作到底怎样。视频游戏设计非常好，但我不知道能否胜任这份工作。我已经做过一些网页设计，但我可以参加一些这方面的培训。我也想参加计算机编程，因为听说程序员赚很多钱，但我也听说，程序员工作非常枯燥，所以这也许不是我的最佳选择。
>
> **现在明确一个目标，然后专注于此——像上面那样列出大纲**。列出为实现这个目标你必须做的事情。
>
> 　　参加现有的任何计算机培训班，这样对工作会有更多的选择。为实现这个目标，我需要：
> - 申请参加海岸技术学院学习（高中职业课程）。
> - 弄清楚在这所学院学习需要的学习成绩。
> - 弄清楚上这所学院需要我下一年选修什么课程。
> - 努力学习，获得申请进入这所学院所需要的学习成绩。
> - 一旦我有了更清晰的思路，知道自己具体要做什么方面的计算机工作，我就看看是否再考大学（社区大学、技术学院、四年的大学）。

## 第四步：讨论实现长期目标的障碍

　　老师要跟学生讨论实现长期目标可能遇到的障碍，及如何克服这些障碍（见表3.4）。很多障碍是行为方面的，例如，愿意做感兴趣的事情，不愿意做家庭作业；将家庭作业等到最后一分钟才做，致使作业质量很差；逃课；忘了上交家庭作业；因为打架被暂停上课；因为逃课或者上课不遵守纪律被暂停上课。执行能力面谈后，如果学生仍然不清楚自己的障碍所在，对此很茫然，老师就要提醒学生他们面临什么样的障碍。

表3.4 障碍及克服障碍的例子

| 可能阻止你实现目标的障碍是什么？如何克服或者避开这些障碍？ ||
|---|---|
| 潜在障碍 | 克服障碍的方法 |
| 1. 在网上花费太多时间。 | • 完不成作业，不上网。 |
| 2. 当应该做家庭作业时，我却在看娱乐体育节目电视。 | • 每天只看一个小时的娱乐体育节目电视。<br>• 让妈妈监督我，以防止我违反规则。 |
| 3. 在自习室不做作业，而是跟朋友聊天。 | • 在自习室不坐在朋友旁边。<br>• 跟朋友一起学习，例如，准备考试，做数学作业，对答案。<br>• 向朋友说明，自己想利用自习室好好学习，并请朋友提醒自己。 |
| 4. 跟历史老师顶嘴，被赶出课堂。 | • 在上课开始时，提醒自己，不要惹老师生气。<br>• 坐在教室的前排，这样就不会被后排座位的朋友拖下水。 |

## 第五步：找出克服障碍的方法

下一步，老师要和学生一起讨论如何克服这些障碍。例如，如果拖延和时间管理是学生的主要障碍，学生就要决定以后一定严格遵守时间表；如果学生忘记做家庭作业是主要障碍，就要制定一个家庭作业提示机制。我们建议，老师和学生对每个障碍都明确一至两个克服方法。

## 第六步：确定近期目标

对于大多数青少年，尤其是学习成绩不好的学生，确定一个高中毕业时他们希望达到的目标是件好事，但不管你想得多么周到，这个目标对于这些学生来讲仍然是很遥远的事，无法在日常学习中激励他们。为此，我

**表3.5 "近期目标"举例（1）**

| 目　　标 | 如何测量 |
|---|---|
| 5天中有4天要完成80%的家庭作业。 | 每天画出完成家庭作业的百分比的曲线图。 |
| 5天中有4天要数学家庭作业的准确率达到80%。 | 每天画出准确率百分比的曲线图。 |
| 所有外语小测试前必须学习30分钟。 | 画出每次考试学习的分钟曲线图。 |
| 所有自然科学的考试和测试都必须达到80分或以上。 | 画出考试和测试分数曲线图。 |
| 10次数学课要上9次。 | 画出每周上数学课的曲线图。 |
| 按时上交所有英语家庭作业。 | 画出每周按时上交英语家庭作业的百分比曲线图。 |
| 法语课积极参与。 | 上课准备好计数纸：画出每次上课举手次数的曲线图。 |
| 生物课的笔记本要有条有理，并是最新的。 | 按照1～5分排序，制定一个记分表：每次指导课时，跟老师一起打分，每天画出一个分数曲线图。 |
| 每次上体育课都带运动服。 | 画出每周带运动服上体育课的次数曲线图。 |
| 按时上课。 | 画出每周按时上课的百分比曲线图。 |
| 每周至少参加两次课后数学指导课。 | 画出每周参加课后数学指导课次数曲线图。 |
| 把长期目标分成几个小目标，并规定时间表。 | 制定长期目标规划表，画出完成任务的百分比曲线图。 |

们需要帮学生设定一个近期他们能够达到的目标，我们称为近期目标。因为近期目标更具体，更具有测量性，它们更能引导学生取得进步，从而让学生感到他们正朝着长期目标前进。

　　学生选择进行学习指导，是因为他们想提高学习成绩，这至少涉及以

**表3.6 "近期目标"举例（2）**

| 目前表现 | 近期目标 | 课程 | 实现目标的方法 | 成功的标准 | 在新目标设定前达到成功标准的时间 |
|---|---|---|---|---|---|
| 数学作业：只完成50%；英语作业：只完成75%。 | 提高家庭作业完成比率。 | 数学、英语 | 学生在作业本上写下作业。学生和老师一起决定什么时候完成作业。学生完成作业后才能玩游戏或电脑。 | 数学：80%<br>英语：95% | 每门课6周 |
| 每周6次作业大约3次晚交。 | 按时上交作业。 | 所有课程 | 学生用检查单提醒自己，将作业本放到作业夹里，将夹子放到书包里。学生睡觉前要让妈妈检查，看看完成的作业是否放在书包里。 | 按时上交作业达到95%。 | 6周 |

下近期目标之一：

❑ 提高课堂出勤率。

❑ 提高家庭作业完成率。

❑ 及时上交作业。

❑ 提高家庭作业的质量。

❑ 提高考试或者测试的分数。

❑ 提高课堂参与度。

❑ 降低违反纪律的次数。

因此，对于近期目标，我们要求学生在列出的清单中选择，或者学生跟老师共同确认的目标。表3.5和表3.6列出了近期目标清单，并告知这些目标如何测量。对于长期目标，需要跟实现长期目标存在的潜在障碍及如何克服这些障碍一起探讨。

## 第七步：完成"长期目标表"上的"近期目标"任务

在此阶段，老师和学生拿出他们选好的近期目标清单，然后进行精心改进：

1. 评估目前的表现。如果目标能够提高表现，目标就能够帮助学生了解将要开始的实际水平。如果没有具体数据做参考（例如，学生可能会说："我猜，这周数学课我可能会迟到几次"），那么这就是一个大概的估计，但是估计越准确，近期目标越实际。

2. 写下近期目标，这个可以从以前列出的清单（见附录5：长期目标设定表）中选择。

3. 明确应用哪个目标。

4. 确认学生实现目标所采用的一至两个方法。

5. 确定成功的标准，最好采用百分比或者平均数（例如，按时上交数学作业的次数达85%；90%以上的化学考试或者测试分数达到80分或以上）。

6. 在设定新的目标或者慢慢退出指导前，确定学生达到成功标准的时间期限。你也可以推迟做出这个决定，等到指导几周以后再说，因为没有几周的表现数据，很难做出这个决定，例如，学生可能要花费一段时间才能慢慢地持续地完成日目标和周目标。你在做出最终决定之前，可能想把这个也考虑进去。

表3.6列出了更多"近期目标"例子，其中包括目前表现，实现目标的方法等。

## 第八步：找到提高成功可能性的方法

这个步骤就是要求学生关注如何天天激励自己，严格按照计划实现目标。有很多方法，其中包括如下。

**1. 创建一个客观的方法，跟踪进展情况或者对成功量化。**日常指导表（附录7）能够帮助学生对每天实现的目标进行量化，并可以将其转换成百分比，放到曲线图上（可以使用电子数据表）。对于有些目标，可以使用数据表，例如，如果出勤是一个目标，则可以使用以下数据表。

| 日期 | 课堂出勤 ||
|---|---|---|
| | 出勤 | 缺席 |
| | | |
| | | |
| | | |
| | | |
| | | |
| | | |

**2. 让学生想出一些理由，让自己持续关注目标，或者阻止可能产生干扰的诱惑。**例如，这些理由可能是某个准则（你不能离开这个任务，记住你在干什么），可以把这个准则写下来，贴在显著的位置（例如，可以贴在家里学生学习的地方的公告板上，或者学生电脑的屏幕上，或者学生手机屏幕上）。

**3. 老师和学生角色转换，**讨论如何才能持续关注目标，或者拒绝可能产生干扰的诱惑。老师可以扮演学生的朋友，在某个学生应该做作业的晚上，邀请他去参加一个社交活动。

4. **要求学生创建一个利于执行学习计划的环境**。讨论和明确最好的学习地点和时间，询问学习时最分心的事情是什么，如何降低或者取消这些分心的事情，问学生是否找到解决的办法，这些办法如何传递给自己（例如，通过朋友、父母，或者手机等）。表3.7列出了养成良好学习习惯的环境改进建议。

5. **让学生明确完成任务后的奖励方法**。例如，学生完成每天的计划后，可以去看一个自己喜欢的电视节目，或者得到一个他们一直期盼的更大的奖赏，如果奖赏涉及到钱，还需要父母配合。我们和学生及学生的家长一起，制定一个奖赏计划，学生完成计划后，给学生买一个电子游戏，或者一个手提电脑，或者一副滑雪板。通常，这个奖赏是通过赚取分数获得的：确定完成一个具体任务赚取多少分数（例如，完成今天的目标），多少分数能够获得这个奖赏。根据获奖的大小，对获奖分数进行调整，对具体时间也进行调整（例如，1~2周，或者完成某课程学期）。分数记录在图表上，并挂在学习附近的地方，以便提醒学生时时记住目标，了解进展情况。如果学生要求的是有形的奖励，则将该奖励的图片挂出来，让学生经常"看看奖励"。

## 第九步：审查计划

此部分的最后一步是老师和学生再次审查制订的计划是否符合实际，学生是否有能力完成。尽管计划可以根据指导过程进行修改，但是制定的计划应该尽一切努力使其符合实际，最有可能成功完成。

### 表3.7 养成良好学习习惯的环境改进建议

- **根据精力情况，选择最佳学习时间。** 一般来讲，人们一天中都有自己精力最旺盛的时候，鼓励学生找出自己一天中精力最佳的时间。

- **找出最佳的学习环境。** 这个包括最佳的学习地点（例如，卧室、餐桌、图书馆等等）和最佳的学习条件（例如，单独学习，和朋友一起，绝对安静的环境，有背景音乐，等等）。

- **制定可行的学习计划。**

  **从什么开头**：有些学生喜欢先做最难的事情，而有些学生喜欢先易后难，譬如做家庭作业，先做最容易或最有趣的。有些学生喜欢做完一个科目的家庭作业后再做另一个，但有的学生无法容忍连续做同样的作业超过十五分钟，他们喜欢互相切换，最后一起完成所有科目的作业。

  **休息**：有些学生喜欢每学习三十分钟左右休息一会儿，有些学生喜欢直到完成一个作业后再休息。学习计划包括在学习期间看一次自己喜欢的电视节目，或者完成所有的作业后再看电视。

- **明确合适的组织系统。** 有些学生喜欢每个科目有一个笔记本，而有些学生发现这样笔记本太多，他们喜欢将所有笔记记在一个大的笔记本上。颜色标注有时候很有用（譬如，没有完成的作业用红色标注，已经完成准备上交的作业用绿色标注）。组织系统也可以包括便利贴，以便提醒学生什么时候完成什么任务。将便利贴放在手边，写上提示自己该完成的任务，贴在就近看得见的地方。计算机屏幕数字便利贴也可以采用同样的方法。

- **找到有效的学习方法。** 主动的学习法比被动的学习法更有效（例如，重读某个章节，翻看笔记）。主动的学习方法包括制作单词卡片，创建"模拟测试题"，跟朋友一起学习反复地相互问问题，在读某个章节前写下问题清单（问题可以来自标题和副标题、图片、表格、黑体字、章节最后提问的问题等），学会通过思考后标出最重要的部分也会大有帮助。

## 日常指导课程

日常指导的目的主要是帮助学生规划在下一个指导部分开始之前他们必须完成的任务，并明确什么时候完成这些任务。除了第一部分之外，其他部分都遵循同一个模式：即REAP模式，R（Review复习）、E（Evaluate评价）、A（Anticipate参与）、P（Plan计划）。

## 怎样开始第一次指导课

我们建议第一次指导课从回顾长期目标的设定开始。我们可以用一些开放式的问题启发学生，如："我们上次见面时谈论了什么？"或者是："请说一下上次见面时你制定的目标，你还记得哪些内容？"我们应该备有"长期目标计划表"，但是学生们应该基于对上次课程的回忆来回答这些问题，然后再检查一下原有的目标计划表，并对漏掉的内容进行补充。让学生重新考虑上次制定的目标，并努力实现目标，这个过程对学生是非常有益的。

接下来，老师拿出"日常指导表"（见附录7），并把长期目标简单明了地写在表格的顶部。表格的下一部分是"整体规划"，概括了学生所有的长期任务，这些任务包括将要进行的考试和小测验、长期作业和一些其他的任务（如体育活动、俱乐部活动和其他学习任务）。

然后，老师要求学生明确在下一次指导（填写"每日计划表"）之前，他想要完成的目标。这些目标涵盖所有的学习任务，包括明天到期的作业、一项长期计划的开启或者是花点时间准备即将到来的考试或测验。学生在时间规划或者为考试制定合理的学习目标方面需要得到一些帮助，也许他们还想制定一些行为目标（如："在西班牙语课上多回答几个问题"

或者"放学后在学校多留一会儿，补习一下生物学"）。一旦学生明确了这些具体目标，老师应让他说一下他们打算何时处理这些任务，学生应该尽可能明确地说明这些任务的完成时间（如"在第八节自习时间"或者"今天晚上的七点到八点"）。

课程的最后，我们对指导课的进展进行简单的评价，并对学生进行鼓励。学生和老师都应该各自复印一份"日常指导表"带走，我们应该把这些表格都保存在文件夹里，并且把最近的表格放在最上面，这对日后的指导工作是非常有用的。

为了让读者们能认识到这个过程是如何进行的，我们设计了一组学生和他的老师之间的对话，并且我们假设下述对话发生在第一次指导课中。

老师：乔，本学期你确定了要把英语成绩提升到B的目标，那你就需要多努力了，因为上学期你的英语成绩为C。你还记得你说过你打算采用一些不同的方法来提高分数吗？

乔：是的，我记得。我打算好好准备每周单词测验，并且要在阅读作业上取得好成绩，我还想把作文一直留到最后再写，这样我就有时间进行校对和修改。

老师：非常好，好主意。如果你能坚持下去的话，我相信你的分数会提高的。我们的指导就是要帮助你做到这一点，我们每天见面的目的就是要帮你制定当天的计划，并达成目标，因此，我们接下来看看英语课程上应该做什么，你有没有明天课上必须要完成的作业？

乔：有，我要读完小说《蝇王》的第一章。

老师：还有其他的吗？有没有一些要回答的问题，或者需不需要写读后感？

## CHAPTER 3. Basic Coaching for Academic Success

乔：除了要留意书中一些可能会预示后来情节发展的内容，没有其他的任务。

老师：你打算怎么做呢？

乔：亨德森老师告诉我们应该注意各个角色之间的紧张关系，而且这些关系在书中会逐渐恶化，寻找一些对于书中的人物非常重要的事件，或是寻找一些可能会让书中人物陷入麻烦的个性特点和性格缺陷，诸如此类的内容。

老师：听起来不错，你如何记录你的想法呢？

乔：我有这本书的平装本，因此对于埋下伏笔的细节，我会在边上的空白处标记"F"。

老师：听起来很好，你认为自己什么时候能完成这个作业呢？

乔：我打算第七节自习课的时候完成。

老师：你觉得时间够用吗？

乔：我认为够了，如果不够的话，我会在打完篮球后、吃晚饭之前将它完成。

老师：好的，那我们再说一下你接下来的英语作业，都有哪些任务呢？

乔：（查看了一下他的记事本）周四有个单词测试。下周一之前，我要读完小说《蝇王》的前三章，并写出读后感。

老师：那么在单词测验之前，你有三个晚上的时间，你有没有考虑过应该如何利用这段时间学习呢？

乔：（有点不好意思地说）直到周三晚上我才开始考虑这个问题，就算这样，我也比上学期进步多了，那时候我根本不学习。

老师：有研究证明，与都挤到一个晚上进行突击相比，把学习内容分散到多个阶段进行，这样效率更高。我们以这周为基准，你只在单词测验前一晚进行准备，我们看一下你的测验成绩，然后你再决定是不是下周可以采取另外一种学习方法。对于《蝇王》小说阅读和读后感写作，你有什么打算呢？

乔：我计划周六阅读另外两章，然后周日晚上写读后感。

老师：我提个建议吧，你可以数一下第二章和第三章一共有多少页，计算一下到周六之前有几天，每天平均分配一下。也许你可以利用一些零碎的时间，比如在自习室，或是吃饭之前。

乔：好主意。我读书比较慢，因此一直困扰我的问题就是我的阅读时间和写读后感的时间不够用。

老师：你把书面作业留到上交的前一晚才完成，你制订的计划不是这样呀。

乔：哦，我是打算把一些大作文留到最后，这对我来说是小事一桩，用不了一个小时我就能写出来。

老师：需要我帮你想一下如何写这篇作文吗？

乔：不用了，我擅长写这个，我之前做得不好是因为我只读完了一半，然后就试着写。如果我能读完，那么写读后感也就不是问题了。

老师：好的，我们制订了今天的计划。你觉得能不能把我们制订的英语学习计划用到其他一些课程上呢？

乔：我觉得可以，我的英语成绩一直不好是因为我总是把学习任务向后拖延。如果这些计划能帮助我学好英语的话，我觉得其他的课我也能学好。

老师：非常棒！我已经把你决定要做的事情记了下来，你看一下，是不是包括了我们谈话的所有内容（见表格3.8）。

表3.8 一份完成的日常指导表范例

**姓名**：乔　　　　**日期**：星期一

**长期目标**：英语成绩取得B，通过以下三种方法：（1）认真准备每周单词测验；（2）按时完成阅读作业；（3）在交作业日期的前一夜之前就开始完成写作业。

## 整体规划

**即将进行的考试测验**：

| 项目 | 时间 | | |
|---|---|---|---|
| 单词测试 | 星期四 | | |

| 作业 | 长期作业 | 上交时间 | 其他作业 | 时间 |
|---|---|---|---|---|
| 《蝇王》前三章<br>写读后感 | | 下周一 | | |

## 今天的计划

**你打算做什么？**　　**你打算什么时间做？**　　**回顾：你做了吗？你完成的怎么样？**

课程任务：
1. 阅读小说第一章，并标记下快笔的文字。　1. 第七节自习。　　　　是　否　1　2　3　4　5
2. _____　　2. _____　　　　　　是　否　1　2　3　4　5
3. _____　　3. _____　　　　　　是　否　1　2　3　4　5

*以这个标准来评价：1—非常不好；2—不太好；3—一般；4—很好；5—优秀

**其他说明及提醒事项**：讨论关于把阅读任务平均分配到若干天进行，每天读一点；周三晚上复习单词，准备单词测试；看一下测试分数，如果分数低的话，考虑把学习任务分配到几天未完成。

**阅读目标表现的总体观察结果**：

乔：（看了看这个计划）嗯，看起来不错，我能不能留一份用来提醒自己？

老师：当然，但是我得先复制一份，保存在我的指导笔记中。

老师：你有个很好的开始，你能够将所有的作业都写下来，并且还记下上交的时间，你做得非常好，这是指导过程中很重要的一部分。

老师：是的，很多老师都告诉我好脑子不如烂笔头，现在我终于明白了。明天见，老师！

# 后续指导课程

在进行第二次指导和之后的所有的指导之前都要先对上一次指导课进行回顾，确定一下学生是否按计划完成了之前的任务。老师应该参阅上次指导课填写的日常指导表，并且逐条读出来，询问学生是否完成了任务。学生应该使用日常指导表上的五分等级评分表，对任务完成情况进行自我评分。然后，对于学生的任务制定和完成情况进行一个简短的讨论。例如，如果学生没有完成任务，那就要确定学生未完成的原因，这个过程对指导是很有帮助的，在讨论中既要讨论正面因素也要讨论负面因素；如果这个学生决定要用一个小时来准备考试，并且坚持下来了，那么可以问一下学生："是什么因素帮助你完成了你之前制定的任务？"老师可以在这页纸的下面做下笔记，并着重指出讨论的重点问题。

接下来，让学生预测一下近期要做的事情。老师和学生使用一张新的监督表，并且一起填写"整体规划"这一部分，这意味着上一次指导课信息的传递，并且加入一些新的作业、测试或者出现的一些新情况。像第一次课那样，指导的最后一步是让学生计划一下在下次指导课之前要做的工

## CHAPTER 3. Basic Coaching for Academic Success

作。最后，老师要对学生进行鼓励，既可以表扬学生顺利完成目标这件事情，也可以就学生在指导过程中的态度和努力给予肯定。要求学生对于自己的行为进行评价，这可以帮助学生发展自我评估技能，老师也会因此给予学生更多的鼓励。

我们以乔和他的老师在第二次指导课上的会话为例：

老师：嗨，乔，欢迎回来，最近怎么样？

乔：还可以，您是不是感到很吃惊，我还能记得来上指导课？

老师：我很确定你会回来的，你对自己感到吃惊吗？

乔：不吃惊，我把这件事记到了手机上（注：很多学校不允许学生在校期间使用手机，但是对于一些执行力较差的学生，可以允许他们使用手机提醒他们做应该做的事情）。

老师：聪明！那么我们从昨天制订的计划开始吧。你计划表上的第一条提醒你，你设定的目标是在英语课上取得B，并且为了完成目标，你要做三件事情。我把这张表复印了一份，这样我们就不用重新写了，但是我建议，下次指导课的时候我们要先看一下这张表格，回顾一下里面的内容，加深记忆。你现在还在为这个目标努力吗？你认为你写下来的那些步骤能帮助你实现目标吗？

乔：我都准备好了。按时读完了老师要求的章节以后，我觉得在课堂上能够很容易地集中精力听讲，我甚至可以参与到课堂讨论中！当亨德森老师看到我举手回答问题时，她都惊呆了。

老师：我想你已经回答了我下一个问题了，你有没有照着你的计划去做？听起来你做得非常好！

乔：是的。我朋友查德想跟我玩，我告诉他我还有很多事情要做，他就不再打扰我了。

老师：在这期间，有没有想过放弃计划呢？虽然我们没有谈论在计划执行过程中遇到阻力怎么办，但是听起来你自己通过了第一次考验。

乔：查德看着我，觉得我很可笑，他说："你是谁呀，你把我朋友乔怎么了？"但是我告诉他，我想要重新开始。他说："我看你能坚持多久。"但是我笑了笑没理他，翻开了我的课本开始学习。

老师：非常棒！我很欣赏你。你读完了这一章，有没有将埋下伏笔的文字标记出来呢？

乔：有，那很简单，并且让我觉得读书更加有趣了，这个作业会促使我在读书的时候进行思考。那些标记对我在课堂上参与讨论也很有帮助，其实也就是我上课举手回答的那些问题，这让老师非常惊讶。

老师：那么，如果对你的计划执行情况打分的话，听起来你可以给自己打5分，很优秀，是吗？

乔：我想是的。

老师：好的，我们制订一下今天的计划吧。咱们返回到"整体规划"这一部分，看看有没有什么需要增加的内容。单词测试还是在周四是吗？你要再读两章，并且周一之前要写读后感对吗？

乔：是的，就是这样。

老师：亨德森老师有没有提到另外的一些考试，或是一些长期的任务呢？我们可以加到列表中。

乔：她说过，等我们读完整本小说之后，我们需要写一篇论文，但是她没有规定具体时间。

老师：好的，那我们把这个任务也加到列表中吧，这样就不会忘了，然后在日期那里画上一个问号，她说没说过要写的论文是关于什么内容的呢？

乔：还没有。她说下周一我们写过了第一篇读后感之后，她会告诉我们的。

老师：好的，那么明天的英语课你还有什么必须要做的吗？

乔：没有了，明天的那节课我们有集体活动。

老师：你还记得我们昨天谈论过的吗？每天都完成一点作业，这样就不会把所有的作业都积攒到星期天了。

乔：我想要试一下。下周，其他课程上我还有两个作业，所以如果能提前完成的话，那应该很好。（乔拿出了他复印的小说《蝇王》，然后跟老师一起数了一下两章的页数，并将它分成了五份，这样他可以在周六之前完成作业。）

老师：嗯，这样就是说你每天要读五页，你觉得你能读完吗？

乔：没问题。

老师：你今天打算什么时间完成阅读任务呢？

乔：今天自习期间，我和查德要去生物实验室做实验，所以我只能晚上再读了。

老师：我们最好把时间写下来，写一个具体的时间或者做个标记，比如写上"晚饭后"。

乔：也许是晚饭前吧。

老师：你们什么时间吃晚饭呢？

乔：我妈妈做饭时间很有规律，每天都是傍晚五点半准时开饭。

老师：那么五点完成作业可以吗？

乔：嗯，可以。

老师：你能记得吗？

乔：我会在手机上设置闹钟提醒的。

老师：很好，乔，你现在不想提前准备一下你的单词测验吗？

乔：贪多嚼不烂啊！我们不是正在做实验吗？我以前只在交作业的前一晚才学习，并且很长时间也不学习，跟那时比，我现在已经很好了。

老师：好吧，我们明天再做学习计划。嗨，乔，你真的做得非常棒，你的学习热情和积极性，让我刮目相看。

乔：我会努力的。明天见，老时间老地点。

指导课也可以用来给学生答疑解惑。对于学生遇到的一些问题，老师可以聆听和分享。如果出现的问题使学生无法完成指导开始时设定的目标，老师可以跟学生一起想办法，帮助学生克服这些困难，例如，如果学生觉得某个任课老师误解了他，那么指导老师可以帮助学生想办法跟任课老师沟通，并去澄清这些误会；如果学生不知道如何接近任课老师，不知道怎样跟老师讲话，那么老师可以与学生模拟一下这些场景，最终让学生感觉能够解决这个问题。老师不应该把一些解决方法强加给学生，而应该通过提问问题的方式，启发学生想出多种解决办法，或者通过角色扮演的方法，帮助学生找到最合适的做法。

在初始阶段，指导课通常不超过10或15分钟，而且每天都要进行。随着学生的逐渐适应，他们能够制定比较实际的目标，并且能够切实地完成任务，指导课的数量可以逐渐减少。老师和学生一起决定削减哪个时间的指导课。一般按照由多到少、逐步缩减的方式缩减指导课时，如从每天一次减到隔天一次，再到一周两次，然后减到一周一次。如果出现成绩下滑的情况，可以增加指导课的次数。如果学生感觉到他们不再需要指导课了，我们仍然建议，在前4~6周，老师仍然要每隔一周跟学生联系一次，之后每月联系一次。在指导课程逐渐减少的过程中，仍然需要对学生的表现进行监督，比如可以每周联系他的任课老师，以此来保证学生确实走上了正轨。

我们意识到，在每日指导阶段，有的指导课可能上不了。在这种情况下，老师一定要通过手机、第三方传话或者电子邮件等方式通知学生，以保证课程的延续性。同样，如果学生有特殊情况不能参加指导，学生也要与老师沟通好。

## 核查学生的报告

在过去几年的指导过程研究中，我们认识到：仅仅做出公开承诺并不足以保证让执行力不足的学生完成他们设定的目标。基于此，我们建议增设一个环节，以便核查学生对已制订计划的履行情况。

对于年龄小的学生，核查过程通常表现为"学生被核查"。这个年龄的学生经常围绕完成作业和按时交作业这些事项来制定目标，也有很多学生围绕考试或测验来制定目标。

我们发现最有效的方法就是由指导老师给任课教师每周发一封邮件，并且请他们在周五之前回复，以便将教师的回复报告加入到这周的最后一次指导课程中。在指导课程的初始阶段，保留一个适当的计划备份是非常有用的。

有的时候，学校想把从老师那里获得反馈这个任务，交给被指导的学生。至少在初始阶段，我们一般不赞成这种方法，原因如下：首先，执行力差的孩子很难记住这些事情，这些孩子经常会忘记作业，忘记把学习资料带回家，在回校的时候忘把作业放回到背包里或者忘交作业。如果给孩子们安排这种获得反馈的任务，他们不照样会忘掉吗？其次，执行力差的学生对于他们在学校的表现，已经感觉很糟糕了，他们经常因为各种错误被老师训斥，他们可能对这些训斥和错误感觉很不自在，特别是在他的朋友和同班同学面前。让他们站到同学面前，并以另一种消极的方法做任何事情，不仅不起作用，而且会降低把指导课程坚持到底的积极性。指导是用来解决问题的，不是制造新问题的。如果学生因此而感觉受到了歧视，那么这样做只会损害我们的指导过程，而不会带来任何帮助。

对于年龄较大的孩子，我们在对他们的计划完成情况进行核查时，要慎之又慎。根据指导目标，在一些案例中，我们在指导过程中增加了核查环节，比如说，一个学生设定了一个目标：他要保持他的科学笔记本条理清楚。他和他的老师列举了保持条理的所有注意事项。这个学生把科学笔记本带到每次指导课上，并根据检查表，与老师一起确认他已经按部就班地完成了任务。

然而，在其他的一些案例中，老师不能在实际的指导课上核查学生的指导报告。我们建议老师在征得学生同意后，与任课老师联系。以乔的案例为例，要核查他是否完成了每日的计划是非常困难的（尽管他的老师可以让他写下完成计划的起止时间）。然而，他的目标是在英语考试中取得B，那么乔和他的老师就可以查看他每次的考试分数来确保他的目标有望实现。我们一般建议每周都要对学生的完成情况进行跟踪核查。对于执行力较差的学生，一旦在指导中出现问题，问题会很快扩大，要修复这种不利影响就变得非常困难。老师的目标就是快速地发现问题，从而及时地进行修复，以避免指导过程的失败。

CHAPTER 3. Basic Coaching for Academic Success

## 计划没有执行怎么办？

尽管很多学生在开始阶段信心满满，但他们很难按照制订的每日计划进行学习。老师一般要花一段时间才会发现他们的学生没有坚持到底，除非他们有固定的核查机制。根据我们的经验，这是因为学生不愿意让老师失望，总是试图掩盖没有好好学习的事实。有些学生会如实报告一些小问题，但是会掩盖一些大的问题，如："我确实说过会完成所有的数学作业，可是我只做完了三分之二。"另外一些学生连一些小缺点也会掩盖过去，他们希望老师没有发现他们的掩饰。在开始指导的初期，老师应就此问题跟学生进行讨论，让他们知道指导过程不可能一帆风顺，这对指导过程是非常有帮助的，老师可以按照下面的脚本向学生进行情况说明：

"通过一段时间的指导，我发现了指导过程中的一些问题。孩子们总是会充满热情地开始指导课程，正因为这样，起初他们一般会取得成功，这对我们的指导非常有益。如果他们看到了自己学习的进步，他们会投入更多的热情将指导课程进行下去。然而有的时候，他们忽略了一个事实，就是这个指导课不会像魔法那样一下子让我们取得成功，而只有努力学习并持之以恒才能取得成功。当孩子们忽略这个事实的时候，他们就会慢慢逃避。他们会告诉老师他们执行了计划，但实际上他们并没有做到；或者他们会说按计划复习了一个小时来准备考试，但事实上只是学习了不到半个小时。他们这么做，并不是因为天生爱撒谎，或者害怕老师批评（好的老师不会这样做的），而是因为他们怕让老师失望。"

"如果我们之间缺乏信任，指导就无法有效进行。如果你发现很难完成任务，那就意味着制订的计划要求过高，需要对学习任务进行相应缩减，或者必须要找到一些其他的技巧和方法来帮助我们完成计划。指导课程有点像减肥，如果你体重超重了，最开始的几磅很容易被减掉，但是随着时间推移，想要多减几磅，就要花费很长的时间，要付出更多的努力。起初，指导的工作和思考方式可能会让你很兴奋，你会说：'啊，太简单了。'但是几周之后，学校的要求越来越多，你会觉得太累了、太忙了，不能像开始一样认真细致了。当你出现这种感觉之后，一定要让我知道，我们一起做一些调整。我的口袋里有很多的窍门，但是只有当我知道你需要它们的时候，我才会拿出来。我的工作不是要在你遇到麻烦的时候批评你，而是跟你一起让学习回到正轨，甚至必要的时候，我们可以改变原有的思路和方法。"

从上述内容可以看出，当学生在很长一段时间成绩一直不理想的时候，我们就应该重新考虑一下近期目标是不是符合实际情况。也许乔正好有一个重要的科学作业要做，这会占用他很多时间，因此他的英语成绩开始下滑。在这个时候，老师就应该跟乔讨论一下，英语成绩取得B是不是一个实际的目标。如果乔觉得这个目标可以实现的话，那么老师就要跟他讨论一下如何规划好时间。乔是不是想做的事情太多了？在周末，他是不是用了太多的时间玩游戏？在这周，他是不是都能保证每天抽出半个小时学英语？还有没有其他的事情可以激发他自己的积极性？他还能不能挖掘一些其他的资源？他是不是可以跟他的朋友一起背单词、一起阅读？他能不能把阅读作业下载到iPod上，一边健身一边听呢？讨论的目的是为了让乔意识到，他成绩下滑这个问题是可以解决的，并且有很多种解决方案。

如果乔和他的指导老师确定他们无法在一个测试周期内完成近期目标，同时又不想放弃这个目标或者指导课程，他们可以对目标进行修订，并想办法达成目标。也许这个测试周期，乔在前三周的平均成绩为C+，那么乔和他的指导老师可以考虑下剩余的学习任务，并对他下次可能取得的成绩做一个实际的估计。他们可以把各种分数都算进来，然后以此为基

## CHAPTER 3. Basic Coaching for Academic Success

础计算出一个平均成绩。如果乔还想得到更高的分数，指导老师可以建议乔去跟他的任课老师谈一谈，看有没有一些其他的加分项可以帮他取得更高的成绩。这个时候，指导老师充当的就是中间人或是中介者的角色，帮助乔跟他的任课老师见面、交流想法并达成协议。指导老师可以参与到乔和他的任课老师的谈话中，如果乔愿意一个人去跟老师谈话的话，那么指导老师可以先征得乔的同意，在他们见面之前，先去跟任课老师谈一谈，说一下自己对乔的了解和观察结果，并讨论一下什么样的方案会对乔的行为产生最大的影响。指导老师也可以跟乔先预演一下跟任课老师会面的过程，从而在实际谈话中让任课老师更有可能满足他的要求。

在这种情况下，让学生走出困境并不是指导老师的工作，而是学生和他的任课老师的工作。然而，有些不了解学生执行能力的任课老师往往意识不到，很多时候对于执行力较差的孩子而言，仅仅让学习成绩过得去，都是一件非常困难的事。如果乔的指导老师感觉到乔学习很努力，但是乔对于应有的努力程度没有正确的判断，那么就建议指导老师跟乔的英语老师沟通一下，从而帮助乔的英语老师更好地了解学生执行力的问题。

降低目标是需要技巧的，如果学生多次执行计划失败，并且开始灰心丧气了，老师应该让他们树立一个低一点的、容易达成的目标。如果他成功地完成了目标，那么第二天他们可以树立类似的目标，然后老师可以一点一点地提高目标。如果他的目标是与时间或工作量有关的话，这个过程就很容易实施。如果学生承诺要每天做一个小时的生物实验，但是却连续几天没有做到，那么老师可以建议学生将目标降低到十分钟；或者如果学生有五份实验报告逾期未交，并且他承诺每天晚上完成一份，但却一直没开始，老师可以要求他保证要写出第一份实验报告的第一部分。

有时候我们会要求学生按照一到十级的标准对他们在学习中需要付出的努力程度进行评价。一级表示非常简单，他们做着梦都能完成，十级表示非常困难，像攀登珠穆朗玛峰一样难。当学生把他们的任务评定为八级、九级或十级的时候，老师就应该把他们的任务变换一下，变成三级或者四级。与维持原来的八、九、十级相比，他们更容易将目标坚持到底。

## 如何成功退出指导

随着学生逐步掌握这些指导技能，他们对指导的需求将逐渐减少。指导是一个需求逐渐较少的过程，同时还要保证学生后续的成功。指导的逐步减少一般指指导时间的减少或指导方式的弱化，或两者兼而有之（见附录8），一般通过如下步骤逐步减少指导时间：

- 第一步：每天指导一次。
- 第二步：每隔一天指导一次。
- 第三步：每周指导两次。
- 第四步：每周指导一次。
- 第五步：每两周指导一次。
- 第六步：每月指导一次。

一般通过如下步骤弱化指导方式：

- 第一步：面对面指导。
- 第二步：电话指导。
- 第三步：电子指导（电子邮件，短信息，Facebook）。

什么时候开始减少指导取决于学生对目标的完成情况。大多数情况下，可以根据近期目标的完成情况做出决定。随着每个具体目标的完成，学生和老师可以共同决定是继续树立一个新的近期目标，还是结束指导。

# CHAPTER 3. Basic Coaching for Academic Success

**培养执行力的指导**

我们建议老师在指导开始之前，安排跟学生进行一次面谈，从而搜集一些背景信息，了解学生们执行力方面的优势和不足。对指导项目进行合理规划和安排，有助于提高学生的执行能力。

在老师对学生进行指导时，他们可能发现学生某种执行能力的不足会阻碍学生完成目标，因此，老师应重视这些执行能力不足的问题。此时，老师可能想就他们观察到的问题与学生进行交流，看看学生是否想解决这方面的问题，例如，有的学生总是忘记做一些事情，老师可以与学生讨论如何解决这类问题。如果学生由于做事时缺乏规划而导致表现不佳，那么老师可以看看学生是否愿意制作一个有条理的检查表，帮助他们解决这一问题。这本书介绍了很多日常教学活动（如怎样准备考试、怎样进行长期任务规划），并推出了一套微课程，用于改善学生执行能力中存在的一些具体问题，这些内容对我们的指导过程会有很大的帮助，本册书的附录中也包含了其中的一部分内容。

## 指导方式也可以很灵活

本章内容全面介绍了学业方面的指导，但并不是所有的学生都需要全面的指导，我们对指导方式进行了如下修改。

在指导过程中去掉或减少长期目标的设定。大多数的中学生，甚至很多九年级、十年级的学生都不知道他们高中毕业后想做什么。如果他们还没有成熟，我们就不要把设定长期目标放置于我们的指导课程中，老师可以帮助学生设定一些近期目标。对于一些初中学生来说，应该缩短目标周期（如本周内完成任务，或者在进度报告发给学生的时候完成任务等）。

然而对于其他的一些高中生来说，他们可以根据测试周期来设定目标。

**增加每日指导**。与其他学生相比，有些学生需要每天进行指导检查。在前面介绍的案例中，我们建议老师帮助学生设定具体的、便于测评的目标，并且要制订明确的完成计划和任务时间表。然而我们观察过另外一小组学生，对他们来说老师充当的只是一个指导者而不是共同制订计划的伙伴。一项关于预防辍学的研究表明，如果学生在校期间有一个一直关心他的成年人，即使是那些面临学业失败的学生，同样可以取得学业上的成功。既然是这样，老师可以帮助学生设定长期的目标，并作为一个鼓励者或助威者的角色出现在学生的生活中，帮助学生渡过难关，在学生达成目标的时候给他们以鼓舞，与他们一起庆祝胜利，沟通并让他们明白在这个世界上除了自己，还有另外一个人关心他的成败。这些学生通常从一开始就有良好的执行力，需要的只是不断地被鼓舞，并一直坚持下去。

**把指导当作一种对学生的简短心理干预**。对于执行力不足的学生来说，指导是一个长期的干预过程。指导课最少要持续一个测试周期，最长时间可以以各种形式持续整个高中阶段。很多时候，如果一个简单的指导干预可以帮助学生克服某种障碍的话，任课老师可以把这种指导干预加入到课堂任务中，例如：如果学生在完成长期任务方面存在困难，那么老师可以安排一个指导老师帮助学生做计划，让学生完成单个的任务。如果有些学生需要更多的指导，但他们积极性又不高，那么可以先让他们尝试一下，如果他们发现这种指导课确实有益处，他们或许愿意参加这样的长期指导。如果高中学校里有一定数量的指导老师，将有助于开展这种简短的指导。

**把指导作为一个群体干预的手段**。我们曾经跟一些学校合作，针对一个学生群体进行指导，并制订每日作业计划。在这种情况下，不管是课堂教学老师还是资源教室老师都会在每天的最后阶段留出一些时间，让学生制定作业完成计划（可以使用每日指导表，也可以使用附录9的每日作业计划表）。学生可以两个人一组来填写他们的作业计划，也可以在老师的监督下单独完成。

**通过电子邮件或电话指导**。尽管我们认为在学校里进行指导的效果最好，但很多情况下并不具备这个条件。如果是私人指导老师参与指导的话，每日的指导课程可以采用电话或者电子邮件的形式，指导的一般步骤可以按照上述内容进行，但在这种情况下，对学生的任务完成情况进行核查或评分就变得尤为重要，而且很难实施。要保证校外指导有效进行，指导老师必须每周跟学生的任课老师通过电子邮件沟通，从而验证学生是否按照他们所承诺的那样完成了任务，是否取得了他们所承诺的分数。

**对叛逆和散漫的学生进行指导**。当学生自觉地参与指导，或者为了实现自我选择的一个长期目标而改进自己在学校的表现，这种情况下的指导是最有效的。很显然，每所学校都可能存在无法完成学业的学生，这些学生一般达不到指导的选拔标准。针对这些学生，我们要改变指导过程，采取一些策略帮助这些学生积极主动地学习。这是一个更加复杂的过程，并且最终很可能会失败，我们建议那些有经验的，并且愿意接受挑战的老师采取一种不同的方法来指导这样的学生。老师可以鼓励这些散漫的学生设定任何他们想要达成或获得的目标，而不是仅仅设定一些跟学习相关的目标，具体做法可以参照附录1中的"认识自我"表格。我们曾经使用一些实物激励措施对这类学生进行奖励，并取得了得好的效果，这些激励措施虽然与在学校的学习没有直接关系，但能够使学生参与到一些能够影响他们学习的活动中去。

对于年龄较小的学生（小学生以及相当数量的中学生），用"校币"奖励他们是非常有效的，他们可以使用校币在学校的商店里买一些小玩意。为了奖励，他们会按时完成设定的目标，改进学习表现，这种方法的关键是要提供奖励。为了得到奖励，学生们会设定一个目标，并努力去实现目标。老师可以给学生提供多个目标供他们选择，这可能是最简单的开启指导的方法，但是一定不能代替学生选择目标，因为这种方法的重点就是要让学生了解目标设定和目标实现的力量。

对于像初中生和高中生这样大一点的学生来说，家长的作用是至关重要的，他们可以提供一些强有力的强化激励措施来说服学生们参与到指导过程中来。这些激励可以包含如下几方面：（1）使用权（如玩电脑和电子游戏的时间），（2）特别的外出机会（如：逛商店、给电影票），（3）获取实物奖励的机会，例如手机或电子游戏机。根据学生每天或每周的行为表现来累积分数，例如：按时交作业就可以得到相应的分数。学生得到足够分数的时候，就可以得到奖励。

在我们的工作中，我们会与家长和孩子一起坐下来谈谈，我们会明确地询问他们想从对方那里得到些什么。我们问家长，他们希望孩子有什么样的行为举止，而这些行为正是孩子现在做不到的。然后我们会问孩子，父母给予他们什么条件，他们才可以做好这些事情。我们使用类似于劳动合同谈判的方法，把双方聚到一起，共同商定一份协议。

老师可以作为一个中间人，促成本次谈判。家长可能会抵制这种方法，因为似乎使用这样的方法偏离了原来的目标，家长想让孩子能够自觉学习，并取得好成绩，但是老师可以劝说家长，并让他们明白，如果学生想在学习上取得一点点的进步的话，这是唯一的办法。这个时候家长才会愿意承诺给予奖励，并参与到谈判过程中。

## 针对低龄儿童的指导

在教育领域中，指导往往被理解为一种只适用于高中生和大学生的教

## CHAPTER 3. Basic Coaching for Academic Success

育手段，然而，我们认为，指导同样可以适用于初中生，甚至是小学高年级的学生。对这个年龄段的指导过程需要在目标设定和日常目标管理方面做出一些调整，年龄比较小的学生很难将精力集中于长期目标，甚至他们都不清楚什么是长期目标。青少年的目标周期可以长达几个月或一个测试周期，然而低年龄学生的目标周期一般是以分钟或小时为单位。

在用这种方式对低龄儿童进行指导时，老师一定要牢记巴克利（1997）的一个理念，即"依赖于环境的持续注意力"。低龄儿童特别容易被环境中的即时刺激所影响，身边只要发生什么更有趣的事情，他们的注意力立刻就会被吸引，离开学习任务，身边其他孩子的一些行动所带来的正面和负面结果都会对他们的行为举止产生影响。低龄儿童很难控制自己的情绪，难以掩饰喜悦之情，既定的任务目标也无法使他们抵制住身边的各种诱惑。举个例子：一个孩子在写课堂作业，但是如果他旁边的两个小孩已经写完作业了，并开始玩玩具，商量下课后玩什么，那么这个写作业的孩子也不可能坐回座位上继续写了。

**对低龄儿童的指导应围绕以下几个步骤进行：**

第一步：老师（可能就是孩子的任课教师）与孩子坐在一起讨论一下他们都存在哪些问题。常见的问题包括：不完成课堂作业或家庭作业；作业马虎，粗心大意；上课时说话，扰乱课堂秩序；忘记作业或忘记把完成家庭作业所需的材料带回家。

第二步：确定一个或两个孩子可能会喜欢做的事情，让孩子自己做出选择。如果老师认为最重要的那一个没有被孩子选中，可以建议孩子再多选一个，也可以过一段时间再通知孩子的任课老师检验孩子这方面的表现。

第三步：头脑风暴，想一些办法，帮助学生改善一些目标行为。这就要求大家考虑一下如何能够让孩子更容易接受目标行为，或者任课教师应该怎样帮助孩子使用这些目标行为，如：说话之前要举手。

第四步：将目标行为和学生可能会用到的一些方法写下来。具体做法可参考附录10的"儿童指导表"。

第五步：每天早上要检查一下学生，提醒他们设定的目标和他们可以用到的方法。

第六步：每天放学时检查学生任务的执行情况，并使用"等级评定表"进行测评（见附录10）。如果可能的话，孩子和老师应该独立测评，这样有助于了解现实状况，老师要帮助学生学会更准确地监管自己的行为。

**我们发现，以下因素能够对低龄儿童的指导起到积极作用。**

如果老师是以一个伙伴而不是权威人士的形象与孩子合作，孩子们会更容易接受这种新颖的形式，这样的沟通是基于尊重和平等的理念，所以能有效地让孩子自愿参与到指导中。

让孩子在指导过程中拥有选择权，这样会收到很好的效果。孩子自己头脑风暴，想出各种解决办法，并且他们可以自由地选择他们想要采用的解决方法，从而增加孩子们在指导过程中的参与度。对很多低龄儿童来说，他们的学业问题通常都与完成作业有关。在这种情况下，指导过程中可以加入不同的任务选择，让他们自己选择想要完成哪一个任务，他们也可以不时的改变任务，他们还可以自由选择完成各项任务的先后顺序。

**对于年龄大一点的学生，对计划进行口头承诺有助于指导过程取得成功。**

一次解决一个行为问题，这样会使孩子们在成功以后获得成就感，然后再设定新的目标。

如果有些学生对单纯的指导课程态度不积极，我们可以在指导中加入一些激励措施。我们可以把"儿童指导表"中的评分等级转换为积分，孩子可以通过良好的行为获得积分，然后用这些积分在学校里（学校奖励往往是行为奖励）或者家里换取奖励。尽管在指导中加入激励措施非常有效，但我们认为单纯的指导也是非常好的，因为在没有外部奖励的情况下进行的指导，可以培养孩子的自律性。

## 针对高中学生的指导

我们前面提到的针对高中学生的指导过程同样可以适用于高校大学生，遗憾的是，尽管很多高校对学生提供了诸如课外指导、课程安排协助（如帮助学习障碍学生选择适合的课程）、课堂学习辅助服务（如笔记记录、考试指导等），大多数的高校都没有意识到学业失败是由学生的执行力不足造成的，同时，他们也没有认识到通过指导等这类干预手段可以有效解决问题。

与对高中生的指导类似，对高校学生的指导也要遵循如下几点：(1) 收集与学生执行力优缺点相关的信息；(2) 确立长期目标（例如学生们打算毕业之前取得什么成绩以及毕业之后有什么计划）；(3) 定期指导（对高校学生来说，他们不需要每天指导，也不必面对面指导）。

根据我们对大学生的指导经验，对他们任务完成情况的检测与对中学生的检查一样重要的。我们曾经为一个大学生制定了一个指导项目，这位学生每天与一位老师见面，来制订学习计划，他们制订的计划非常具体。这位学生向他的老师保证，他每天都完成了制订的学习计划。直到这个学生在期中考试中失利，事情才真相大白，这个学生向老师报告说他每天晚上都在学校图书馆学习几个小时，但事实上这段时间他都在上网，并没有学习。

高校老师通常无法向教授们核查学生最近的学习状态是否良好，然而他们可以要求学生承诺，他们会向老师出示他们的作业和学习内容，例如：老师可以要求他们把笔记本电脑带到指导课上，让老师看一下他们已经开始写的测试周期论文；或者也可以要求他们把阅读作业带到指导课上，给老师看一下他们阅读中做的标记。这一点必须认真实施，并且从指导的一开始就要作为一个基本原则来对待。

老师可以这样介绍这一原则："我发现，在指导高校学生时，时间总是流逝得很快，学生总是不能完成自己制订的计划，然后他们就会感觉很糟糕，并试图掩饰没有完成任务的真相。在我们指导之初，我要求大家要把正在进行的学习任务带到指导课上，这会让你感觉我们制订的计划是实际有效的。我来到这里不是要批评你们的，当然如果你想要的话我也可以那样做，我来到这里是为了帮助你们抵制诱惑的，当出现任何障碍的时候帮助你执行好计划。如果在这个过程中，遇到了一些困难，我可以帮助你们排解障碍，并弄明白我们是不是需要在计划上或者策略上做出一些改变。"

# 第四章
## 高级指导技巧
Advanced Coaching Techniques

很多成为老师的人都具有渊博的知识和丰富的经验，他们的知识和经验让他们很容易就能胜任指导工作。特殊教育教师、教育指导顾问、学校的心理医生、学生行为干预专家和行为顾问都具备了胜任指导工作的必备知识和技巧，一旦他们了解了指导课的步骤，就可以直接承担这份工作。

我们在第三章中曾经提到，基础指导过程非常简单，即使是那些没接受过很多相关培训的人员例如高中生、教辅人员、学校的心理实习生或实习教师等，也可以完成。然而，指导课程的效果不应该仅仅局限于基础水平，还有很大的提升空间。指导课程不仅可以使接受指导的学生完成学业目标，例如取得理想的分数，也应改善学生的执行力。当学生具备了较高的执行力，他们就可以把从指导课上学到的知识运用到新的目标和更高的抱负中去。

要达到这样的高度，老师必须具备综合技能，这些技能包括：沟通技巧、执行力的专业知识、自己本身具备很高的执行力、解决问题的技巧、对学校管理和运行的了解。

# CHAPTER 4. Advanced Coaching Techniques

附录20列举了高级水平的老师应具备的技能和知识，对这份工作进行了描述，并概括了他们要完成的任务。

在本章的余下部分，我们将介绍几种培训模式，这些模式将教会老师一些技能，这些技能对于一些高水平的指导是至关重要的，它们分别是：沟通技能、执行力、指导的有效性的文件编制、解决问题。

我们并不是说基础指导本身是无效的，事实上，我们至今研究出的模型大多是非常适合基础指导模式的，然而，我们相信指导可以达到更高的水平，它不仅可以帮助学生取得学业上的成功（用分数和成绩单衡量），也可以提升学生的执行力，让他们能独立地将这些指导技巧运用到以后的学习生活中，能够独立地应对新的挑战、取得更大的成功。

## 如何运用这些指导模式

老师可以接受单个培训，也可以参加集体培训。鉴于指导所需的一些技巧，集体指导最好由专家进行，培训步骤如下：

1. 明确通过指导所要掌握的技能。

2. 通过讨论，强调技能中的关键因素，并通过模型为该技能提供正例与非例。

3. 让参与者通过角色扮演和其他的练习或行为，演练这项技能。

4. 为参与者提供正确的反馈，从而提高他们的技能水平。

遗憾的是，由于很多学校都缺乏培训所需的相关人员和资源，这将不利于指导的开展。为了克服这个困难，弥补各个学校在培训方面的差距，在本章的剩余部分，我们将主要讨论高级指导所需的技能和知识，并介绍每种技能习得的方法和案例。本书的后半部分有一些补充练习，并提供了练习答案，希望能帮助老师提高他们的指导技能。

老师可以单独完成这些练习，也可以通过小组活动或分组讨论的形式来完成。所有的案例和练习题都是针对具体指导而设计，例如：当我们讨论沟通技巧的时候，我们着重于跟指导课程有关的沟通技巧，而不是宽泛的讨论沟通技巧。因此，我们会在积极倾听、转述和开放式问答方面花费更多的时间，而不会花很多时间去讨论"I-message沟通（以我为主语的话语沟通）"或冲动情绪下的沟通等。我们将指导定义为伙伴关系，即老师通过指导来激发学生设定目标和管理任务的能力，而不是是治疗关系，即帮助学生认识和解决他们的心理问题和紧张的人际关系。

## 沟通技巧

在指导过程中必备的沟通技巧包括转述、积极倾听、提问开放式问题、支架式教学理论、清晰地发布指令和提供有效表扬，这其中的每一种技巧都配有实例和情景，参加培训的老师可以练习这些技巧。

**转述（参考练习1）**

转述就是要抓住说话者内容的主旨，并且再简洁地向说话人陈述他说过的内容。转述有这样几个功能：（1）它可以表示出你已经在认真倾听；（2）检验你所听到的内容的准确性；（3）说话人可以听到他自己说过的内容，如果这不是他想要表达的内容，他可以进行修正。

## 例1

学生：这个周末我必须要开始写英语论文，也就是说，我必须要读完这本书，考虑清楚我想写这本书哪部分的内容。我还得挤时间准备数学考试，还要完成化学实验报告。哦，周六上午我还要去做两个小时的社区服务。

## CHAPTER 4. Advanced Coaching Techniques

老师：让我把这些搞清楚，你要准备数学考试，要写化学实验报告，要做两个小时的社区服务，并且要开始写英语论文，也就是说要读完书，弄明白写什么内容。

## 例2

学生：多布森老师不喜欢我写的关于罗斯福新政的文章，她说我没有花时间谈论清楚国家对新政的反应以及共和党对新政的抵制。她还说我应该深入到一些法律法规方面的细节问题，并且她说我有很多的拼写和标点错误。

老师：看来她想了解更多的关于新政立法内容、民众和反对党对新政的接受情况的信息，听起来似乎她想让你在交作业之前核实一下。

学生：事实上我确实检查过了，我只是不太善于发现自己的错误。

在第二个例子中，老师做出了合理的假设——因为学生没有仔细检查论文，所以学生的作业中存在一些拼写和标点错误。通过对学生所说内容的转述，老师也给学生提供了一个明确问题的机会。现在老师要提供给学生另一个信息，那就是如果他平常很难发现自己的错误的话，那么他需要找人帮他检查作业。

## 反应式倾听（参考练习2）

这个技能包含两方面的内容：认真倾听并做出回应。反应式倾听者要从说话人的角度或内在心理出发，通过移情的方式，理解说话人的话语。然而倾听者除了要移情之外，还应该接受说话人所说的内容，不表达同意或反对。反应的意思是倾听者要听出说话人话语中所包含的感情，而不仅仅是叙说的事实和表达的观点，也就是说要重点关注说话人话语中的个人因素，接受说话人的观点，并具有同理心和人情味地做出回应，而不是冷漠地回应或判断正误。

## 例1

学生：我把数学作业落到家里了，霍奇金思老师说，按规矩，迟交作业只能得到一半的分数。我在这个课上已经得了个C了，我的分数不能再低了。他知道我有注意力缺乏症，希望他能放我一马吧！

老师：听起来你很看重课堂成绩，而且你也有点生气，因为老师不知道注意力缺乏症给你带来了多大影响。

## 例2

学生：我本来计划在第六节自习课的时候准备世界史考试，当时詹尼和凯诗琳正在做人文学作业，因为我上个测试周期上过这门课，所以他们一直在问我问题，让我帮助她们。我不想让她们生我的气，所以我花了半个自习课的时间帮助她们。当我看时间的时候，我发现只剩下15分钟时间可以学习了，我惊慌极了。到考试的时候，我一下僵住了，其中一半的问题我都回答不上来，甚至我看过的也没答上来。

老师：噢，看起来你有点恼火自己当时没有跟你朋友说，你没时间，你要学习。然后，因为没有足够的时间复习，你感到非常焦虑，结果到考试的时候，什么也想不起来。

## 开放式问题与封闭式问题（参考练习3）

通过开放式问题可以了解到更多的关于学生谈论话题的信息，这些问

## CHAPTER 4. Advanced Coaching Techniques

题可以帮助学生应用他们的执行技能，例如：工作记忆（"请告诉我你今天晚上要做的所有的功课是什么"）或者其他的技能，如制定规划（"你打算按照什么样的步骤来完成你的地球科学任务"）和元认知能力（"你打算怎样准备社会学的期中考试"或者"你的学习小组是怎样一起学习的"）。开放式问题可以促使学生更深层次地思考他们应该怎样学习，该如何完成学业任务。

封闭式问题一般只有是或否两种回答，封闭式问题是为了得到一个准确的答案。老师既可以用到开放式问题，也可以用封闭式问题，关键是要在不同的时机准确地使用其中的一种问题形式。需要注意的是，在指导中，可能有一些学生在回答开放式问题方面存在一定的困难。他们在认知方面比较僵化，因此很难回答这种开放式的问题。当老师指导这一类的学生时，他们应该改变提问的方式，以适应这些学生的特殊情况。老师可以多设置封闭式问题，并且给予学生多种选择（例如，我给你描述几种完成作业的方式，你告诉我哪种最适合）。问题越具体、越有针对性，指导效果越好，例如，帮助学生制订学习计划，或者帮助学生制定检查表，用以检查他们需要完成的功课。对于一些后进生，老师可以采用封闭式问题和开放式问题相结合的提问方式，下面是指导过程中不同问题使用的案例。

## 开放式问题范例

"这个周末你的学习计划是什么？"

"你打算怎样准备西班牙语测验？"

"现在有这么多作业要做，你打算怎样排练你的校园剧？"

"有什么办法可以保证你的科学笔记条理有序？"

"我发现你写论文的时候没有时间概念，你觉得应该怎样改进？"

"当你因为忘记作业被科学老师批评的时候，会对他说什么？"

"看起来你在卧室里学习效率效果不高，因为有太多事情让你分心了。你还可以选择哪些地方学习呢？"

设计这些问题是为了鼓励学生自己想出策略来解决问题，很多时候，这些开放式问题只是一种课程的导入，根据这些问题，老师可以进一步给学生提供一些意见，以下面的对话为例：

老师：你打算怎样准备西班牙语测验？

学生：我还没有考虑过这个问题呢。我打算读一下这一章的单词表，然后盖住意思和单词解释，直到把所有词组都记下来。

老师：如果你们老师让你把西班牙语词组翻译成英文呢？

学生：你说得对！我应该把西班牙语词组和它对应的英语词组都记下来。

老师：你觉得把这些词组做成单词卡片怎么样？

学生：我讨厌单词卡片，太麻烦了！

老师：你知道有种电脑闪存程序吗？比如苹果电脑的i-flash程序。

学生：真的吗？我都不知道。我用的是苹果电脑PowerBook，我查一下有没有iflash，那可能比较有意思。

注意循序渐进。老师一开始问了一个开放式问题："你打算怎样准备西班牙语测验？"当学生陈述了他的方法，老师并没有直接说学生的方法不够好，而是问了另外一个比较封闭式的问题，提示学生一些可以帮助他改善学习的其他的信息。这个时候，老师用到了一个封闭式问题："你觉得把这些词组制作成单词卡片怎么样？"注意，在这个语境下，老师没有说:"我想你应该用单词卡片"或者"试试用单词卡片来记单词",而是把它设置成了一个问题,并且让学生决定单词卡片是不是适合他。当学生拒绝了这个主意的时候,老师最后又建议了另一种形式的单词卡片,而这种形式有可能会吸引学生。

**封闭式问题范例:**

"你今天打算什么时候做数学作业?"
"要完成你的社会学作业,第一步你需要做什么?"
"你打算用多长时间准备西班牙语考试?"
"你觉得自习课的时候自己能忍住不跟你的朋友们闲聊吗?"
"你按照计划上交了你的英语论文了吗?"

因为部分指导过程会要求学生承诺去执行一个计划或者致力于一种目标,这些封闭式问题可以使学生在制定计划时充分考虑其特殊性。有时,一个封闭式问题是不够的,我们考虑一下如下范例:

老师:你打算今天什么时间写数学作业?
学生:我放学一回到家就开始写。
老师:你每次放学一回到家就写作业吗?
学生:我希望能,可我一般要先吃些零食,然后上Facebook查看一下有没有留言。
老师:那这些要花费多长时间呢?
学生:哦,大约一个小时。
老师:那么如果你三点到家,我在计划表上写上四点开始写作业,你觉得可以吗?

学生：嗯，可以。

老师：那你怎样才能记得到时候开始写作业呢？

每个指导室的墙上都应该挂上这句话："细节决定成败。"上述例子中的老师使用了封闭式问题帮助学生完善学习计划，然而，最后一个问题又是另一个开放式问题。用这种方法，执行力不足的学生可以被引领入一个计划流程，当他们离开老师的时候，头脑中已经有了这一天任务的详细时间表。"你怎样能记住……？"在每次指导课上，这样的问题至少要被问到一次，特别是在指导过程的早期阶段。

## 支架式教学理论（参考练习4）

支架式教学是通过不同等级的开放式问题和封闭式问题，再加上其他的一些技巧对学生的学习提供支持的一种方法。在支架式教学中，教师不能向学生提供答案或者代替学生完成任务。

支架式教学的活动内容包括：

- ❏ 增强学生对学习任务的兴趣。
- ❏ 通过减少步骤，或更详细地介绍简化学习任务。
- ❏ 提供指导，帮助学生专注于目标。
- ❏ 帮助学生了解他们的作业和理想的作品之间的差距。
- ❏ 减少挫折和风险。
- ❏ 给出反馈（例如，总结计划完成进展，以及详尽地记录对成功起重要作用的行为）。
- ❏ 帮助学生提高内化效果、独立能力和融会贯通的能力（例如，帮助学生慢慢减少对老师的提示性话语的依赖）。

# CHAPTER 4. Advanced Coaching Techniques

下面的例子可以看到老师如何运用支架教学法对存在写作困难的学生提供支持。

学生：我的科学作业是要写一篇作文，描述最近15年内改变我们生活的技术革新，我不知道该怎么写。

老师：你觉得第一步该做什么？

学生：首先，我得弄清楚要写什么。我们每天使用大量的科技，但我不知道哪一种是最近15年发明的。

老师：你觉得我们是不是可以先把可能的技术创新都列下来？然后我们再决定写什么？

学生：然后我可以上网查一下它们的发明时间？

老师：嗯，也可以。不过，如果你列举了很多发明，你能一项项地查吗？

学生：我可以给我科学老师看看，问问他哪些是最近15年的发明。

老师：你科学老师会回答你吗？

学生：不会，他会让我自己查。

老师：还有什么方法能缩小一下范围呢？

学生：我考虑一下，我也许可以问问我爸爸，他或许知道。

老师：你可以问问看。你觉得先浏览一下你列的清单，把你不感兴趣的去掉怎么样？

学生：好主意！

老师：好的，我们概括一下写作文需要的具体步骤。首先，我们要明确作业是什么；然后，我们要讨论一下该写些什么；再下一步，我们要缩小一下备选的范围，选择那些既符合作业要求，你又非常感兴趣的项目，是这样吗？

学生：是的。好吧，现在我们开始头脑风暴吧。等等，我不知道怎么进行头脑风暴。

老师：头脑风暴就是尽可能得想出很多想法，而不要考虑它们合不合适，然后把这些想法都列出来。

学生：好的，我想想啊，我使用智能手机，玩电子游戏，上网，就这么多吧。

老师：你确定？

学生：我想是吧，这比我原来想象的要少。

老师：我们以一天的生活为例怎么样？上学时间和周末都可以，想想你这一天都用了哪些东西？以上周日为例，从你起床那一刻起到晚上上床睡觉，你都用了那些技术呢？你也可以想想都用这些技术做了什么事情，例如，我猜你用手机做了很多事情，你可以想一下做的每一件事情中都蕴涵着那些技术呢？

学生：（在老师的帮助下，列举了更多的技术，然后他从中选出了自己最感兴趣的一些。）

老师：好的，现在告诉我什么是头脑风暴，你觉得还可以把这种方法用到其他什么作业上吗？

学生：头脑风暴就是要开动脑筋，尽可能地想出很多主意，先不对它们进行判断，只是把它们列举出来，我可以把这种方法用在我的物理作业上，老师要求我们用一些简单的工具想出一种可以节省劳动力的装置。

老师：噢，你给头脑风暴下的定义既严谨又简洁，你甚至还想到了怎样把这种技能应用于你的另外一个学习任务上，你太棒了！

注意一下，这位老师是如何根据学生的需要在开放式提问和明示教学这两种状态间交替变化的。有时候，开放式提问足以引领学生在指导过程中定义一个步骤，然而在其他时候，学生的答案可能显示出他过早地收缩了选择的范围。我们也要注意在指导过程中，老师是怎样概括各个步骤的，因为我们最终的目的是让学生能够自己完成整个指导过程，所以对内容的概括可以让这个过程容易一些。如果学生下一次遇到了相似的作业，老师可以说："你还记得上次写技术革新那篇文章时我们是怎么做的吗？"如果学生想不起这些步骤，老师可以帮助他列出一张表格，以方便他以后使用。

## 给出明确的指令或引导（参考练习5）

在和学生的大多数交流中，老师们会使用我们讨论过的所有沟通技巧，来帮助学生加深对自身的了解——如何更好地学习、怎样完成任务和提高积极性，以及如何做出决定和承诺。老师可以教会学生如何准备考试、如何写论文、怎样做长期计划、怎样做笔记。我们为这些技能创建了一些日常教学活动，详见附录11—16。老师在进行教学程序设计时要牢记一些指导方针，下面列举了一些适用于所有学生的优秀教学方法，其他的是专门为执行力不足的学生设计的。这些学生存在工作记忆较差、组织能力差、在制订计划和步骤方面存在困难和注意力短暂等问题。如果老师的指令冗长、复杂又难以理解的话，这些学生很快就会不知所措、灰心丧气。这一点应该始终牢记在心，好的教学方法应该包含以下几点。

1. **首先说明课程目标。** 例如："今天我要带你体验一下长期任务策划的过程。"

2. **每次集中处理一个步骤或一种想法，避免离题。**

3. **避免歧义词或词组**：学生们很难理解修辞表达，所以在使用修辞的时候，经常会看到学生面带困惑，如果学生脸上呈现出这样的表情，那么就需要给学生进一步解释一下。

5. **要将材料逐步介绍给学生，并且要给出清晰明确的、分步的指导。**

6. **要将讲授的技能和过程模型化。**当你让学生掌握一种技巧或完成一个任务的时候，可以采用"自说自话"形式，这种方法非常有效，例如，如果一个学生完全不知道如何完成你布置的任务时，你可以说："如果老师给我布置这个作业的话，我会这样考虑。"然后你可以描述一下如果你来完成这个作业的话，你会怎么做，会用什么样的策略。

（1）通过多举例子的方式让学生明白你的意思。

（2）用正面、肯定的形式给出指令。告诉学生要做什么，而不是不要做什么，并且不要带有个人评价、喜好、个人偏见，指令是对学生要完成的任务的事实说明。

（3）经常检查学生对任务指令的理解。通过提问的方式，检查学生的理解情况，或者让学生重复、转述或概括他们听到的内容。如果学生确实不理解，老师应该立即重新讲一遍。

（4）不要试图一次对学生灌输太多的内容，也不要总是进行说教。单独对学生进行指导时，在学生开始学习任务之前，先跟学生谈几分钟。

（5）为你所讲授的技能建造模型，然后使用指导性练习（采用支架式教学，在学生学习的过程中给学生适当提示，提供不完整模型），要给学生独立练习的机会。

（6）假定你指导的学生无法完全记住你讲述的细节，也不能独立应用，所有你认为重要的知识点都应该以书面的形式记下来，最好是列出步骤清单。

## 具体表扬（参考练习6）

表扬可以有效塑造孩子们的良好行为。有效表扬和无效表扬（甚至是危害性表扬）之间有明显差别。如果我们表扬孩子们的一些他们个人无法控制的性格特点（例如，"你真聪明"，"你真是个可爱的姑娘"），我们给他们传达的信息就不太有用，因为他们不知道怎样做才能保持这种优点。另外，这种表扬是有风险的，特别是当你告诉学生他非常聪明的时候，他们将来可能回避一些挑战性的任务，因为他们害怕万一不成功，他们就不像老师说的那么聪明了，最好的表扬应该具体针对学生所做的值得表扬的事。

有效表扬应该做到如下几点：（1）在学生的积极行为发生之后立即表扬；（2）具体说明值得表扬的细节（例如，"没等我说你就拿出了你的作业本"）；（3）要向学生阐明他完成任务的价值（例如，"我注意到你已经记得使用我们谈论过的学习策略了"）；（4）让学生们知道他们为了完成任务付出了很多努力（例如，"我看到你花费了很多时间和精力来完成你的写作作业"）；（5）引导学生欣赏自己所采取的以任务为导向的行为和解决问题的方法（例如，"你使用头脑风暴的方法想出了很多好主意，并能选择最好的一个，我非常喜欢你这种方法"）。

根据一般经验，学生每被批评一次，他们应该被表扬三次。事实上，有实证研究表明，仅仅依靠表扬这一种方法，就可以让学生的行为有很大的改善，但是这对于那些不追求完美、只想凑合的学生是不完全适用的。正因为这个原因，我们建议对学生们行为方面取得的一点进步也要进行表扬（例如，"比起你上次的数学作业，昨天晚上你在数学作业上坚持的时间更长了"）。

有时候，对青少年的表扬是需要技巧的，但最重要的是它必须是诚恳的。那些在学校里成绩不好或学习上存在问题的学生很少会得到老师的表扬，即使受到表扬，他们也会认为这些表扬都是很空洞的，长此以往，他们就会认为表扬只是有人想让他们感觉好点而已，并没有什么特别原因。幸运的是，指导课程可以给我们提供很多真实表扬的机会，此外，通过对学生具体的执行力进行表扬，学生更有可能继续通过努力来练习一些技能。下面是一些范例：

"嗨，你准时到达，时间管理能力很强啊！"

"看起来你可以使用检查表来帮你记住所有的需要带回家的资料。"

"我看出来了你在生我的气，但是你在很努力地控制自己的情绪，很不错！"

"前三天晚上，你按照记下来的内容完成了学习计划，我觉得你的任务启动能力真的有很大进步！"

## 测试学生的执行技能

要进行高水平的指导，老师必须对执行技能的发展、执行技能在学生在校表现中的巨大作用以及老师在培养学生执行技能中的作用有全面的认识。第一章综述了相关概念，老师会发现，对家长、任课教师和学生讲明这些概念是非常有用的，这样他们就能够理解指导课程的目的和作用。

学生们经常为了一个特定的目的参与到指导中，比如说为了取得一个好成绩，然而，我们的指导课的终极目标是提升学生的执行能力，使学生最终能够掌握自我管理的技能，从而在没有教师监督指导的情况下，也能把一些事情做好。为此目的，老师应该在指导的某一个阶段对学生进行执行技能测试，通过测试，学生可以了解自己执行技能中的优势和不足，并想出一些策略来发展执行力，克服缺点。

在指导的信息采集阶段，我们通常使用"执行技能半结构化访谈表（学生版）"帮助学生认清他们自身执行技能的优势以及在以后的学习中将面临的挑战。尽管有的学生可以在指导的初始阶段就开始讨论关于执行技能的问题，但是对于其他的一些学生，则最好是经历过指导，并取得了一些成功之后，再开始进行关于执行技能的谈话。在谈话时，学生可以完成"执行技能问卷调查表（学生版）"（见附录4），便于老师和学生进行交流。

当学生完成了关于执行技能的问卷调查，也了解了自己执行技能的优势和不足以后，老师可以与学生共同讨论怎样可以将执行力优势应用于学习，提高自己的学习成绩，并进一步讨论一下执行力不足是怎样影响他们的学业成功的，也可以邀请学生创建一个近期目标，这个目标是为了解决学生在学习过程中由于执行技能不足而导致的一些问题（参考练习7、8）。下面是一个关于执行技能的讨论的范例。

老师：克拉丽丝，现在你完成了"执行技能问卷调查表"。从这份问卷中可以看出，你存在两方面的执行力缺陷：任务启动和情绪控制。你能说一下这两种缺陷如何影响你的能力，并让你在学校的表现不如预期吗？

克拉丽丝：嗯，情绪控制方面的缺陷在很多方面都影响我。当我跟男朋友吵架或者我的一个好朋友被什么事情困扰，我就会一直沉溺其中，上课无法集中注意力。一到考试的时候就呆住了，特别是我知道自己没有好好复习的时候。

老师：那么你是说，当你难过的时候，你的情绪会影响课堂上的注意力，甚至会影响考试时的表现，特别是当你觉得自己没复习好的时候（注意转述的使用）。

克拉丽丝：是的，有时写作业也会受影响，我很难集中精力。

老师：听起来在很多情况下情绪都会影响到你，这种情况经常发生吗？

克拉丽丝：事实上，我最近情绪失控的情况并不多，最近我跟我朋友之间风平浪静，感谢指导课，我现在每次考试准备得比以前都好多了。

老师：你的另外一个执行力缺陷"任务启动"情况怎么样呢？

克拉丽丝：那对我真是个问题，每日作业还可以，主要是在长期作业方面。每天的日常作业还行，我都可以很快做完。事实上，我觉得对我来说，在任务启动方面最困难的是这个任务似乎要花费我很长时间，我总是会想："这个作业我一时半会儿完成不了，以后再说吧。"直到我再也不能往后拖了，我就花一个通宵，至少是拖到很晚才把作业完成。

老师：那么你在任务启动方面最大的问题是出在那些任务比较重的作业上吗？

克拉丽丝：是的，特别是那些包含写作任务的作业，我觉得是最难的。

老师：等你上大学之后，你上的很多课都是要写测试周期论文的，论文的分数会决定你的期末成绩。你觉得我们在你上大学之前，把这个问题解决了怎么样？

克拉丽丝：啊，我想都不愿意想这件事，不过我知道你是对的。

老师：我想我们能够想出办法。你记得我们谈论过的用来评

## CHAPTER 4. Advanced Coaching Techniques

价任务难易程度的十级标准吗？

克拉丽丝：写作文对我来说是绝对的十级。

老师：那么我们怎么把任务变换一下，让你感觉到它只有三级呢？

克拉丽丝：跟我英语老师商量一下，让我别写一整篇了，只写一段行不行？

老师：好主意！但是你得跟所有的布置写作作业的老师商量一下，你能不能告诉我，为什么你觉得，写一段比写一篇更容易办到呢？

克拉丽丝：我可以很快写完……好吧，我知道你想说什么，我可以把一篇作文分成很多小部分，这样每一部分都不会花费我很长的时间。

老师：那就是了，如果你制订个计划，只开始写论文的前两段，不再多写了，你觉得这样会有帮助吗？

克拉丽丝：我还有个主意。也许我可以脑子一有想法就赶快记下来，我觉得这样做比一次写两段要简单一些，并且我记得你说过任务的第一步越简单，就越容易开始一个任务。

老师：真是个好主意！脑子里有了一些素材和想法，再开始写头两段就容易多了。

克拉丽丝：好的，我三周之后要交一篇英语作文，也许我可以试试这个办法。

老师：听起来不错，记住，你现在并不仅仅是要找到一个简单点的写作文的方法，而是要想出一种策略，改善你在任务开启方面的不足。如果有些作业你总是想往后拖，不妨试一下这个方法。

在这个例子中，老师采用开放式提问，帮助克拉丽丝想出办法解决她在任务开启方面的问题。在这些正确的提问和提示下，克拉丽丝能自己想出解决问题的方法，但是如果这种方法不起作用，老师应该提出更直接的意见，或者是帮助克拉丽丝开动脑筋，多想想（在模型四的问题解决中进一步讨论）。注意在讨论的结尾，老师要把话题拉回到执行技能发展问题，这可以帮助克拉丽丝看到，从她现在关注的一些任务中总结出来的方法，同样可以用于其他一些在任务开启方面有困难的情况。

## 对指导的效果进行记录

老师可以采用另外两个数据来评价指导的有效性：近期目标和学生做出的每日计划。

**将近期目标作为结果测定手段**

学生一般都会以分数的形式制定测试周期目标，这是一种简单的成果测定手段。如果学生设定了学习目标，要在期末考试取得B，或者在各门课上都取得更好的成绩，那么从期末考试的成绩单上我们就可以看出他是不是已经完成了目标。如果学生没考好，这种情况也可量化研究，例如，如果他得了一个B，或者五门课中有四门课都做得比以前要好，那么在任务完成方面他就获得了80%的成功。

我们以图形的形式表述了上述两个例子，详见图4.1。

### 用日常计划作为进步或成功的评价标准（参考练习10）

在每一节指导课上，我们都会要求学生为第二天制订计划。有的学生只有一个目标，例如，只要数学作业80%能过关，对这样的学生来说，他

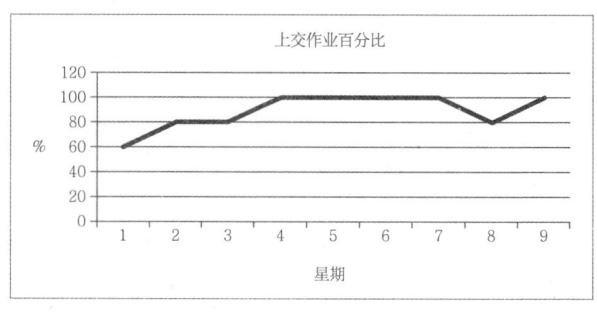

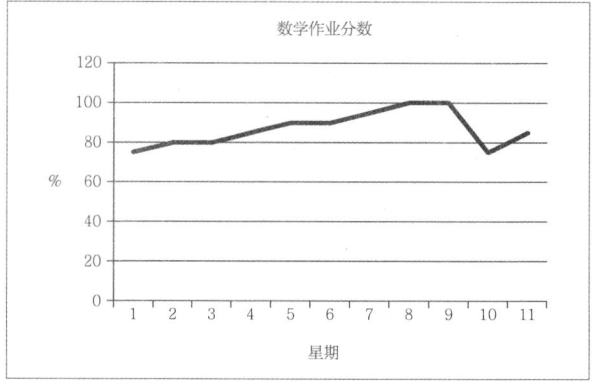

**图4.1 近期目标曲线图**

们的日常计划只涉及到一个任务，这种情况可以用图形来记录，画出每周作业完成的百分比曲线图，见图4.1的第一个表。

　　为什么绘图是非常重要的呢？因为这是一种具体的衡量任务是否完成的方法。对于那些在学校里一直表现不好的学生来说，这可能是他们第一次清晰地证明他们完成了任务。教师和学生也会使用手册中的日常指导表记录每天制订的计划，或者他们会使用根据学生特点特制的表格，但是回顾这些记录表，不能像上述图形那样，给我们非常简洁的视觉反馈。图形可以在坐标纸上手绘形成，也可以在计算机上使用Excel电子制表软件制作，教师和学生都可以选取比较简单的方式使用。

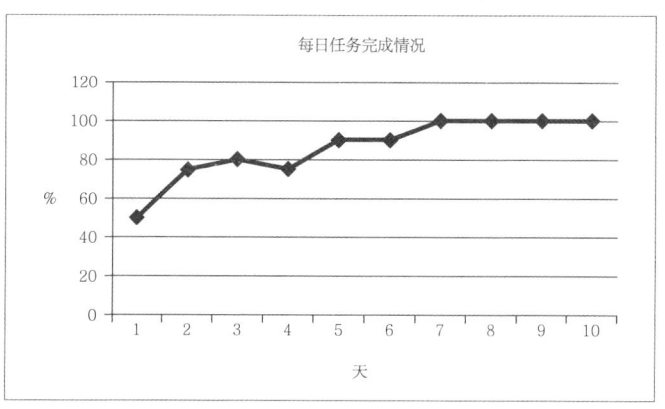

图4.2 绘制图形

## 保存记录的其他方式

在指导过程中，还可以使用其他三种数据收集和保存的方法：目标达成评级、检查表和评分准则。

## 目标达成评级（参考练习9）

应用于指导时，目标达成评级涉及如下步骤。

第一步：教师和学生确定学生想要达成的目标。

第二步：教师和学生规定五种成果等级，如果基本达到目标，则评级为0，其他根据目标完成多于或少于预期，评级为+1，-1或+2，-2。

第三步：教师和学生每天或每周要对自己的目标达成情况进行评价，并将结果绘制成图表，以便于以后监测。

虽然目标达成评级看似可以将目标进行简单、直接地量化，但在使用该方法时经常会出现一些错误。科菲和雷·萨伯拉曼尼安（2009）指出，这些常见错误包括出现重叠的时间间隔（如比利在课内数学作业中出现5~10次错误）；留下时间间隔空隙（如进行间隔说明）；出现长短不等的时间间隔（如，山姆在音乐课上大声喊叫1~3次，山姆在圆圈教学时大声喊叫4~10次），这些错误会对学生进步情况的评定提供一些误导数据。此外，每个目标只能解决一个行为问题（也就是说，不要既包括作业完成情况又包括作业的准确率）。最后，目标应尽可能的具体。

举例而言，有一个学生总是记不住需要带回家的学习资料，我们对他进行目标达成评级，见表4.3。根据表4.3中使用目标达成评级表收集到的数据，我们可以绘制成图形，见图4.4。表4.5描述了另外一个执行力不足的范例。我们还提供了空白的目标达成评级表，见附录17。

**表4.3　工作记忆目标达成评级**

| 达到水平 | 行　为 |
| --- | --- |
| -2（大大低于预期水平） | 五天中只有一天，卡丽记得带齐所有作业资料回家。 |
| -1（稍微低于预期水平） | 五天中有两天，卡丽记得带齐所有作业资料回家。 |
| 0（预期成果水平） | 五天中有三天，卡丽记得带齐所有作业资料回家。 |
| +1（略高于预期水平） | 五天中有四天，卡丽记得带齐所有作业资料回家。 |
| +2（大大高于预期水平） | 五天中有五天，卡丽记得带齐所有作业资料回家。 |
| 监测时间 | 监测：_____ 每天 ____ X ____ 每周<br>_____ 其他情况（具体说明）：_____ |

**检查表/检查清单（参考练习11）**

如果学生需要多个步骤来完成一项任务，那么他可以使用检查表。例如：明迪每天上学时总是无法带齐所有必要的东西，她和她的老师一起创

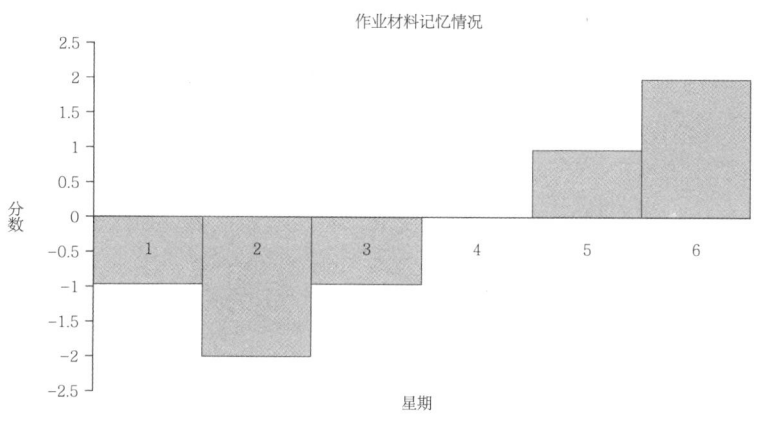

图4.4　作业材料记忆情况

表4.5　上课违规说话的目标达成评价（反应抑制）

| 达到水平 | 行　为 |
|---|---|
| −2（大大低于预期水平） | 肯德里克被生物老师批评，因为他上生物实验课时违规说话5次。 |
| −1（稍微低于预期水平） | 肯德里克被生物老师批评，因为他上生物实验课时违规说话4～5次。 |
| 0（预期成果水平） | 肯德里克被生物老师批评，因为他上生物实验课时违规说话3次。 |
| +1（略高于预期水平） | 肯德里克被生物老师批评，因为他上生物实验课时违规说话1～2次。 |
| +2（大大高于预期水平） | 肯德里克没有被生物老师批评，因为他上生物实验课时违规说话0次。 |
| 监测时间 | 监测：＿＿＿每天 ＿＿＿每周 ＿＿＿X ＿＿＿其他情况（具体说明）：＿＿＿每周两次 ＿＿＿＿＿＿＿＿＿＿＿＿ |

建了一份检查表，上面列明了她需要带的所有的东西，表4.6就是这样一份检查表。

明迪每天上学需要带的的东西都不一样，但是这个清单提示她考虑一下每种物品，然后决定她是不是需要携带，如果确定已经放到了背包里，就把它从列表中划掉。明迪可以用这份检查表计算出她每天记住的物品的比例，这样就可以很容易的绘制出图表，这就是我们前面提到过的要对任务完成情况进行具体评价。

另外一种经常用到的检查表是校对表，学生写完作文后经常会用到。根据校对表，学生可以从以下方面检查他们的作文：（1）单词大小写；（2）整体外观（如字距、可识别性、句子是否完整、段落缩进）；（3）标点符号；（4）单词拼写。

### 表4.6 每日上学物品清单

日期：＿＿＿＿＿＿＿＿

| 事　项 | 星期一 | 星期二 | 星期三 | 星期四 | 星期五 |
| --- | --- | --- | --- | --- | --- |
| 作业夹 | | | | | |
| 课　本 | | | | | |
| 笔记本 | | | | | |
| 健身衣 | | | | | |
| 钥　匙 | | | | | |
| 其　他： | | | | | |
| 记住项目比例 | | | | | |

## 评分准则(参考练习12)

评分准则指列出一系列标准用以描述某项工作,并按照从"优秀"到"较差"的等级对工作质量进行评定。评估准则将定性评价与定量评价结合起来,让我们可以更加客观地评价工作,也能更好地衡量所取得的进步。当老师布置论文、群体或个人项目和课堂展示这类作业时,通常会使用评分准则来引导学生完成他们的任务。在评价一些难以量化的任务时,评分准则可以更有效地帮助学生评价在任务中的表现。

表4.7中的评分准则样表可以帮助学生更有效地为考试做准备。附录18附有一份空白评分表,评分表还可以帮助学生改善组织技能(例如笔记本、书桌、背包、柜子,以及在写作业和长期项目中的组织性),并且能

**表4.7 考试准备评估表**

| 影响因素 | 标准 | | | | 得分 |
| --- | --- | --- | --- | --- | --- |
| | 4 | 3 | 2 | 1 | |
| 学习时间 | 完成了___小时___分钟的学习。 | 至少完成了承诺学习时间的75%。 | 至少完成了承诺学习时间的50%。 | 完成了不足承诺时间的50%。 | |
| 自习课数量 | 考试前每天上四节自习。 | 考试前每天上三节自习。 | 考试前每天上一到两节自习。 | 不学习。 | |
| 学习前准备 | 找老师做课外指导。 | 使用学习指南,做练习题。 | 查看笔记,猜测考试内容。 | 预先没做任何准备。 | |
| 学习技巧数量 | 使用了三种或三种以上不同学习方法。 | 使用了两种学习方法。 | 使用了一种学习方法。 | 没学习。 | |
| 总 分 | | | | | |

表 4.8　管理挫败情绪评估表

| 事　项 | 标　准 | | | | 得分 |
|---|---|---|---|---|---|
| | 4 | 3 | 2 | 1 | |
| 跟老师相处 | 不会跟任何老师发脾气。 | 这个周在1~2次课上发了脾气，或者对1~2个老师发过脾气。 | 这个周在3~4次课上发了脾气，或者对3~4个老师发过脾气。 | 本周发脾气5次或5次以上。 | |
| 无挫败感地完成作业 | 对任何家庭作业都没有沉不住气。 | 1~2个作业上沉不住气。 | 3~4个作业上沉不住气。 | 5次或5次以上沉不住气。 | |
| 跟足球教练相处 | 不会跟足球教练发脾气。 | 发脾气1~2次。 | 发脾气3~4次。 | 发脾气5次或5次以上。 | |
| 总　分 | | | | | |

让学生更加努力，更加持之以恒。评分表也可以被用来帮助学生控制挫败感或其他一些影响学习的负面情绪。范例见表4.8。

## 帮助学生解决难题

在指导过程中，学生经常会提出一些他们自己无法解决的问题。在许多情况下，老师可以通过开放式提问的方式对学生进行帮助，让他们知道，其实依靠自己的知识可以解决这个问题，范例如下：

学生：我把作业单丢了，我已经丢了好几次了，世界文化老师肯定不会再给我一份。

老师：如果不问老师要，你还有其他办法弄到作业单吗？

学生：我跟数学老师承诺过，放学后要留下来补习功课，但是后来才想起来，放学后我需要去参加排练，而且他们正好要排演我演出的那一场。

老师：你要优先选择哪个呢？你愿意想办法去跟你数学老师说呢还是去跟校园剧的导演说呢？

学生：我有大麻烦了。尽管我觉得都会，可地理课测验还是不及格，这个学期我的地理可能要不及格了。

老师：你觉得老师愿不愿意想办法帮你补习比较差的成绩呢？

这都是一些开放式问题的例子，用来帮助学生解决问题。在每一案例中，指导老师都没有直接告诉学生解决问题的方法，而是通过开放式问题，启发学生想出一种可能的解决方法。

请注意，指导老师没有说如下诸如此类的话："我很愿意帮你去跟世界文化老师说一下，再给你要一张作业单"；"你肯定得选择数学呀，你用不用我跟你校园剧导演说一下？"或者："你要不要我问问地理老师，看能不能让你再考一次？"

以上情况中出现的问题都不应由指导老师解决，所以老师不能主动帮学生解决问题。有时候，学生可能需要指导老师去跟他的任课老师沟通一下，让老师再给他一次考试机会，或者让他可以在其他方面多得一些学分。然而，如果指导老师真的这样做了，必须预先建立一些基本原则，并且要把整个过程考虑清楚，我们会给大家举例说明这也是一种可行的指导方法以及它应该怎样进行。

然而，有时候，单独一个开放式提问或者一个简单的建议是无法解决问题的，在这种情况下，老师就要采用更正式的问题解决方法。老师可以根据以下步骤，使用"问题解决工作表"来解决问题（见附录16）：

1. 跟学生谈谈他们的问题所在，这一般需要三步：（1）跟学生形成共鸣，让他们知道你理解他们的感受（"我知道那让你很生气"或者"那一定让你很难过"）；（2）对问题有个全面的认识（"请恕我直言，你之所以难过是因为你的英语老师告诉你想写的话题超范围了"）；（3）明确问题，以便更好地找到解决办法（"你最好是找我的英语老师把问题说清楚"）。

2. 头脑风暴。老师跟学生一起思考并记下尽可能多的可以解决问题的方法。你可以设定时间限制（如两分钟），因为这样可以加速思考，并让学生感觉这不是一个开放式任务。在这个阶段不要批评学生想出的办法，因为这样做会压制学生的创造性思维。

3. 要求学生仔细考虑所有的问题解决方案，并选出他们最喜欢的一个。让学生先选出三到五个方案，然后再一起讨论每种方案的利弊，进一步缩小范围，这样做会使决策制定的过程容易一些。

4. 询问学生在他们实施方案的时候是否需要帮助。

5. 讨论一下如果第一套方案行不通，该怎么办。这就要求选择好第二套方案或者分析一下第一套存在的问题以及如何改进。

6. 要对学生想出的好方案提出表扬（在方案实施之后，要再次提出表扬）。

这种解决问题的方法可用于任何类型的问题，包括人际关系问题和在学生完成目标过程中出现的阻碍。有时候，解决问题最好的方式是让学生自己找到解决问题的方法，而有些时候却是让学生接受一个事实，即他们想要的东西未必一定能得到。

在你和学生利用问题解决方法（和"问题解决工作表"）解决了多种问题之后，他们就能够独自使用问题解决工作表了。因为你的最终目标是要加强学生独自解决问题的能力，所以如果必要的话，你应该让学生在向你寻求帮助之前，先独自填写问题解决工作表。最终，学生可以将这整个问题解决的过程内化，并且能够迅速解决问题。

## 讨论解决问题的方案（参考练习13—15）

有时候，解决问题的最好方法是让学生跟与自己有矛盾或争论的人进行协商。老师可以从两方面帮助学生：（1）通过指导，让学生学会如何跟问题中所涉及的成年人进行协商；（2）作为一个中间人，帮助学生和成年人达成协商解决方案。

在下文的对话中，我们将看到这样一名学生，尽管他努力学习，但考试仍然一塌糊涂，他很想找到一种提高学习成绩的方法。我们就以这名学生和老师的对话为例，来对上述的两种方法进行说明。

学生：我有大麻烦了，尽管我觉得我会做，我的地理课考试还是不及格，这个学期我的地理课可能过不了了。

老师：你觉得你的任课老师愿不愿意帮助你弥补一下呢？

学生：我不知道，怎么帮呢？

老师：我想可能有几种办法，一种是可以让你重新考一次，如果你分数提高，可以得到部分学分；另外一种方法是再给你布置一个额外的任务，让你再获得一些学分。或许你的老师会让你自己想出一个办法，向老师证明你确实已经掌握了这些知识。

学生：我不知道，韦尔什老师从来没有提过这些可能，我想我可以问问她。

老师：听起来你对这些主意非常怀疑。如果你提前把要跟老师说的话先说一遍，想明白你要跟老师说什么，这对你会有

# CHAPTER 4. Advanced Coaching Techniques

帮助吗？

学生：是的，但是我该怎样向老师开口呢？

老师：我认为你首先要跟老师约一下时间，跟老师说一下，你想跟她讨论一下你上次考试的分数。当你跟老师见面之后，首先应该向老师说明，在这门功课上，你真的很努力了，也要分析一下，为什么会考试失利。跟老师说一下你并不是没有认真学，并请她再给你一次机会。

学生：我确实努力了！我至少复习了三个小时，我觉得那些知识我都理解了，但是我可能复习的重点不太对。

老师：嗯，那你就跟老师讲一下，还有其他要说的吗？

学生：我跟她说，这门课我真的不能不及格，请她跟我说一下怎样才能提高分数。

老师：你这样说可能也行。老师在乎的是学生对知识的掌握情况，而不是学生的分数，你还有别的方法可以让老师答应你的请求吗？

学生：哦，我还可以跟她说，经过这次考试之后，我对这门课的学习重点了解得更清楚了，能不能让我再重新考一次？

老师：你觉得她会认为你的要求是合理的吗？

学生：我不确定，但是我确实很努力地学习了，对一些关键术语我还制作了学习卡，我记住了三种不同种类的岩石以及它们之间的差异，但是，关于地形地貌的特点与各种岩石之间的联系这方面的内容，我没有复习好。

老师：我觉得，你把你学习的情况跟老师讲得越详细，老师越会欣赏你在这门课程上的付出。你再对老师具体讲一下这次考试失分的原因，老师可能会给你机会让你重新考一次的，但也只能给你部分学分。

学生：那样就可以，我只是无法接受考试不及格。

尽管教学生去跟老师交流是个不错的方法，但有的时候老师和学生都知道某位任课老师可能在考试评分方面非常严格，绝对不会通融。在很多情况下，老师要帮助学生学会去接受规则，尽量在下次考试时取得好成绩。然而，在某些情况下，特别是当一些学生存在注意障碍或学习障碍等问题时，老师可能会觉得，学生由于这些障碍所带来的问题而受到惩罚，是有失公允的。这个时候，老师可以陪同学生去跟他的任课老师谈谈，让学生把自己的情况向老师说明。

如果指导老师和学生都认为当学生跟任课教师见面的时候，最好是有老师陪同的话，他们应该事先计划一下见面的细节，与上面的对话相似，只是多讨论一下，指导老师在这个对话中该做些什么。一般来说，应该主要由学生与任课教师进行对话，指导老师只是在学生表达不清楚的时候，帮助学生解释一下。回到上文的场景，对话可能是下面的样子：

任课教师：（看着指导老师）有什么事吗？我知道蒂娜不满意她上次考试取得的分数。

指导老师：我想蒂娜想要向你解释几个问题。

学生：韦尔什老师，这次考试不及格让我非常难过。我复习了三个小时，我甚至做了学习卡对我自己进行测验，以确保我学会了，但我猜想可能是复习的方向不对，不过你出的一些题我真的做得很好。

任课老师：嗯，也许你确实好好学习了，下次一定可以考个好成绩。

## CHAPTER 4. Advanced Coaching Techniques

学生：问题在于在学期初我学得很糟糕，后面几周我努力学习去弥补我落下的东西。你可以检查一下，一定会发现我按时交上了所有的家庭作业和实验报告，我上两次测验成绩都很好。但我还是在尽量弄明白学习中的重点和非重点，现在我知道你教授的重点是什么了，你觉得我能不能再重考一次呢？

任课老师：我们没有重考的先例，这样似乎对其他同学不公平。

指导老师：我在对蒂娜进行指导，因为她有学习障碍，她很难区分出学习中的重点和非重点。她的个别教育计划（IEP）允许她按需进行考试，这似乎是一种合理的方法，让她进行一些练习，并逐渐了解应该学习什么。如果不能重考的话，有没有其他什么方法让她能够展示一下她确实掌握了这部分知识，并且能给她提高一些分数？

任课老师：嗯，也许可以让她重考一次，我不能给她完整的学分，但是我会取两次考试的平均分。

任课老师：（对蒂娜说）我计划放学后为下次考试进行一次指导，你愿意参加吗？我想这对你会有帮助的，让你能够认清学习的重点。

学生：太好了！我一直在想如果我能弄明白知识重点是什么，那我就能更好地利用时间了。

在这个场景中，当指导老师发现任课老师确实不知道蒂娜存在学习障碍时，她立刻决定要代表蒂娜跟任课老师解释一下。在跟任课老师的沟通结束之后，老师与蒂娜再讨论一下，告诉蒂娜将来可以为自己争取一些权益。指导老师可以告诉蒂娜怎样运用她的个人教育计划去取得一些合理的帮助，如学习指导、考前教师指导和考试预留（如可以获得全部或部分学分的重考机会）。下一部分将具体阐述指导可以作为特殊教育计划的组成部分。

如上所述，在大多数情况下，最好是在学生与任课老师沟通之前，对学生进行指导，然后让学生自己去与任课教师见面，然而，在下面这些情况下，陪同学生与任课老师见面是非常必要的。

当学生存在的某种缺陷阻碍他进行有效沟通时，特别是那些具有语言习得障碍的学生，他们无法有效地组织和纠正语言。

在一些引起焦虑或情绪化的情况下，当学生不能管理情绪、控制自己的脾气时。

当学生认为他的任课老师非常可怕，学生感觉老师不可能会答应他的请求时，尽管指导老师和学生可能都认为他的请求是合理的。

当学生的请求有些非同寻常的时候，学生可能需要指导老师帮忙，让他的请求更条理，以便任课老师能考虑他的请求。

在指导老师是否要陪同学生去与任课教师见面沟通的问题上，还存在一种折中的办法，即在学生跟老师见面之前，指导老师跟学生的任课老师进行沟通，解释一下学生想通过谈话达到什么目的。如果指导老师能够对任课老师说明，学生跟他见面的目标不仅仅是要达成一致，找到解决问题的方法，还要教会学生说明自己的想法、为自己争取利益，这样的话，任课老师可能更愿意参与到指导过程中对学生提供帮助。

表4.9中的检查表可以被用来核查课堂教学是否对执行力不足的学生提供了合理的支持和指导。

我们学业指导项目的一个主要特点就是让学生参与目标制定，通过目标制定，可以培养学生，尤其是在家庭作业方面，安排学习时间和任务管理的技能。因此，指导课程的普遍应用可以让学生制订出每日作业计划。针对该目的，教师可以使用附录9中的"每日家庭作业计划表"。

表4.9　指导检查表

| 课堂任务管理 | 确保学生：<br>• 及时开始<br>• 按时完成<br>• 完成后上交 | |
|---|---|---|
| 家庭作业管理 | 确保学生：<br>• 在作业本上记下作业内容<br>• 理解作业内容<br>• 带齐完成作业所需的学习资料<br>• 按时上交作业 | |
| 学习资料管理 | 确保学生：<br>• 课桌上干净整洁<br>• 笔记本条例有序<br>• 保持组织纪律性 | |
| 计划管理/时间管理 | 帮助学生：<br>• 将长期项目变成子任务或建立分期任务时间表<br>• 执行时间表<br>• 制订每日作业计划 | |
| 行为管理 | • 张贴课堂规章制度<br>• 经常回顾这些制度<br>• 模式化并执行这些制度 | |
| 改善独立性/<br>解决问题的能力 | • 给学生选择权，或学生进行自主学习<br>• 鼓励学生设定目标<br>• 使用冲突调节机制<br>• 讲解社交问题和学业问题的解决方法 | |

## 加强型指导

只有1%～7%的学生会用到这种加强型指导，这类学生通常都存在长期的、极其严重的问题。这个级别的干预是高度个体化的，为了达到最理想效果，这种指导通常需要家长、老师和学生三方共同努力。表4.10提供了一个针对严重执行力缺陷的学生进行的指导干预的案例。

**表4.10　加强型学生指导计划样本**

---

**行为问题**：迈克忘记作业是什么，忘记将作业资料带回家，忘记交作业。迈克在时间管理上也有困难，他无法将长期项目分割成单个子任务，也不会为长期项目制定相应时间表。迈克的问题很严重，他已经有几门功课都不及格，有可能得不到足够的学分，不能通过本年度的学业考核。

**学校的职责**：为迈克指定一名指导老师，为他制定策略，在记忆力、组织条理性、制订计划和时间管理方面帮助学生。

**指导老师的职责**：每天放学前的15~20分钟与学生见面，进行如下指导内容：（1）回顾所有作业，包括每日家庭作业、即将进行的考试、长期项目或作文作业；（2）将长期任务分化成小任务，并制定时间表；（3）为考试制订复习计划；（4）制订当日家庭作业计划；（5）监督计划执行和作业完成情况，指导老师每周至少要跟老师联系一次（通常是每周五），检查学生是否有漏掉的作业并符合学生的长期任务；指导老师每周五要用电子邮件通知学生家长学生漏掉了哪些作业。

**任课教师的职责**：提供基准数据，决定当前行为水平，如，按时上交作业的百分比，确保迈克每天有足够的时间完成作业，保证网站上布置的作业的实时性和清晰性，每周五中午之前给指导老师回复，告诉他学生是否有遗漏作业。

**家长职责**：如果迈克已经上交了本周要求的所有作业，在周五晚上和周六，迈克可以跟朋友一起玩。家长需要根据基准行为变现来确定行为标准。每周五，家长要下载指导老师的电子邮件，在制订周末计划之前，与迈克一起对指导老师的反馈进行讨论。

**迈克的职责**：迈克要坚持参加指导，参与设定目标，并为完成作业制定计划。

## 结 论

在本章中,我们综合描述了指导老师所应具备的的各种技能和知识,凭借这些技能和知识,指导老师也可以达到"专家"的水平。我们鼓励读者们使用我们的实践练习来尝试一下这些技巧并验证我们提供的答案,这些练习不仅可以用于实践中,也可以作为自我评价帮助读者检验他们对技能的掌握。

## 表4.11 干预反应模式进度监督表范例

学生姓名： 夏尔曼

| 指导等级 | 干预指导方法 | 起始日 | 评审日 | 成功标准 | 评审步骤 | 成 果 | 下一步 |
|---|---|---|---|---|---|---|---|
| 1 | 任课老师将长期项目拆成短期计划和分任务，并规定完成日期。 | 10/1 | 12/1 | 80%的时间都能按时上交作业，并达到评分表上80%的标准，取得成绩C或更好的成绩。 | 计算按时上交作业的百分比，作业达到标准的比率，并计算作业所得的平均分数。 | 40%的时间可以按时上交作业，达到评分表上60%的要求，平均得分为D。 | 移到二级指导。 |
| 2 | 小组指导：从周一到周四每天放学后与其他有相似问题的学生一起接受指导，为完成项目制定每日学习计划。 | 12/2 | 1/20 | 80%的时间都能按时上交作业，并达到评分表上80%的标准，取得成绩C或更好的成绩。 | 计算按时上交作业的百分比，作业达到标准的比率，并计算作业所得的平均分数。 | 60%的时间可以按时上交作业，达到评分表上70%的要求，平均得分为D+；经常缺席。 | 移到三级指导。 |
| 3 | 单独指导；每天自习课时与学生见面，为学生的计划制订提供帮助；学生用2~3天自习课的时间完成布置的作业。 | 1/23 | 3/3 | 80%的时间能完成每日计划。80%的时间都能按时上交作业，并达到评分表上80%的标准，取得成绩C或更好的成绩。 | 计算每日目标完成的百分比，并绘制图表；计算按时上交作业的百分比，作业达到标准的比率，并计算所得的平均分数。 | 按时上交80%的作业，达到了评分表上85%的要求，平均分为C。 | 保持三级指导，但是逐渐减少指导课程；如果学生能达到标准，课程由一天一次减少到隔两天一次，然后一周两次，再到一周一次。 |

# 第五章
## 个性化学习指导：班级同侪指导
Classwide Peer Coaching

在日常的课堂学习中，一般由教师进行学习指令发布、进行行为管理或社交管理并主持其他课堂活动。教师制定学习指令和学习策略，建立课堂规章制度，指导学生的学习行为和课堂交流互动。但大量证据表明，同学间的互助合作可以作为教师教学的有益补充，有效提高学习成绩，完成学习任务，规范学习行为，促进学生间的交流互动。

研究表明，通过多种方式的同侪干预，从幼儿园到高中，处于任何年龄段和教育阶段的学生，不管学习成绩优异还是具有明显学习障碍，都可以在班级互助学习中受益。这些互助学习方式不仅适用于学生个人，也可以满足整个班级的学习需求，这些同侪干预方式包括同侪指导、同侪干预和同侪指导。

在本章节中，我们将回顾同侪指导的各种优点、其他同侪学习方式以及这些学习方式的特点和相关证据。此外，本章还就针对个人和班级执行技能培养的同侪指导进行举例说明。

## 同侪指导的优越性

现在，教师面临的期望值和要求日益增高。同侪指导可以使教师无须在班级管理和组织方面付出太多精力，从而把更多的时间用于教学，例如为学生提供必要的学习指导。同时，对学生的学习反应进行监督以及提出反馈意见是非常重要的。但对于一个学生人数达到20~25人的班级来说，由教师一人完成这些工作是非常困难的，因此采用持续的个性化学习指导切实可行。如果每个学生轮流担任老师和指导对象的角色，就可以强化学习效果。在班级范围内，每个学生都可以相互成为指导对象。随着学生年龄的增长，相比成年人，他们更容易对同龄人的反馈做出回应。除此之外，同侪指导还具有其他优势。

- 在课堂中，教师可以处理学生更多的学习要求，并同时照顾到所有的学生。
- 通过协作，可以让学生更积极的参与人际交往。
- 学生的学习反馈会明显增加。
- 使学生更牢固、更熟练地掌握新学的知识。

## 同侪指导的类型

同侪指导一般包括两种类型。一是个人模式，在这种模式下，学生们两两组合。二是班级模式，该模式下，班内所有同学都参与其中。

个人模式包括如下特点：

- 两人一组，或最多三人一组。
- 采用任意分组的形式或按某种方式分组。
- 采用单向式或交互式指令。

- 教师提供活动内容和形式，学生给出具体的、便于观察的反馈，同时指导小组的结构是可控的。
- 指导者讲述指导目标，对同伴表现进行测评，并提供反馈意见。如果需要的话，指导者可以进行反馈演示。

班级模式有如下特点：

- 全班学生被分为两个小队，每个小队都要积累积分。多数情况下，两个小队之间要进行比赛，而胜者将有机会获得举办班级活动的机会，并且能够让班里所有同学受益，比如举办班级派对。
- 每个小队的学生被细分为二人组或三人组，但多数情况下是二人组。
- 根据学生的选择和能力进行任务分配，或者任意分配。如果任务对能力要求较高，能力强的学生一般先进行指导。
- 采用交互式指令发布或指导。
- 先由教师提供指导内容和形式。指导内容和学生反馈是具体而明显的，而小组构成是可控的。
- 当把班级模式用于解决学习任务时，由指导者讲述指导项目和目标，对同伴表现进行评价，并提出反馈和打分。如果需要的话，指导者可以进行反馈演示。

## 有效性证明

在数学、阅读和拼写等学习指导方面，教育资源信息中心评论指出，在各种期刊中，至少有25项研究表明班级范围内的同侪指导比教师引导的指导模式更能有效提高学生的学习成绩，其中，最有影响力的是由格林伍德和德尔夸德里（1995）实施的长达12年的跟踪研究。参与该研究的既有高危学生，也有一般学生。研究者把接受班级同侪指导的学生与没有接受这种指导的学生进行比较，研究结果发现，截止到高中毕业，接受班级同侪指导的学生能够更积极地参与教师布置的任务、成绩更优异；同时，更少学生需要接受特殊教育，学生的辍学率降低。

## 利用同侪指导提高执行力

　　上述研究证明，在数学、阅读和写作等学习方面，同侪指导、同侪指导和同侪学习能够给教师和学生带来很大帮助，学生在这三方面的学习会取得明显进步，而且学生在相互指导的过程中，也能够更加牢固地掌握知识。同侪指导能够使学生的个性化学习和交互式学习得到加强，而这些在传统课堂教学中都是教师无法全面照顾到的。同侪指导中系统、持续的学习评估和及时反馈能够有效促进学习，并使每个学生的学习得到关照，这在传统课堂教学中是很难做到的。

　　我们更希望把这些指导学习应用到全班范围内，这样所有的学生都可以参与其中。一旦掌握了其中的方法，则可将其应用于很多其他方面的学习。此外，在学习的过程中，学生们都成为积极的参与者和决策制定者，这会间接地促进学生执行技能的培养。

　　哪种班级同侪指导能够直接影响学生执行技能呢？虽然学生的自我约束力或自我管理能力不等同于执行能力，但它们都取决于好的执行技能。如果学生的反应抑制、情感控制、注意力保持、制定规划和时间管理等执行技能方面存在不足，那么他们的自我约束力或自我管理能力也会出现问题。相反，如果学生的执行技能得到提高，他们的自我约束力会增强，从而可以减少对他们进行的外部监控和管理。

　　教育的主要目标之一是培养学生的自立能力和自学能力，而培养这些能力的关键是自我行为管理能力。通过培养学生的自我行为管理能力，我们可以想象出课堂教学中的另一番景象：在课堂的自主学习时间里，教师不用一遍遍地督促学生做作业，让学生回到座位上，提醒学生开始学习以及让学生重复一下布置的作业；而在每天放学之前，班里所有的同学都在井然有序地收拾需要回家完成的作业，而无须老师反复检查和提醒。行为管理能力是提高学习成绩的前提条件，教师通过指导和监督，帮助学生们培养这种能力，让学生学会自我监督，从而使教师可以从管理学生方面抽出时间投入到教学中。

自我监督能力是学生独立学习的重要因素，此外，一个同等重要的能力是设定目标和实现目标的能力。在第二章中，我们引用的大量研究都证实了在成人和孩子的能力培养中，目标设定能力是非常重要的。同时，我们还指出目标设定主要有四个目的：

❏ 指导行为（行为要以任务目标为导向，避免任务偏离）。

❏ 激励作用。

❏ 鼓励坚持。

❏ 促使人们发现并应用完成任务所需的知识和技能。

在培养执行技能的过程中，我们发现坚持目标是培养执行能力的核心要素。孩子的行为往往是由周围环境中的变量决定的，在孩子执行力培养中，我们希望孩子摆脱这种环境依赖，专注于坚持目标。到二十多岁时，人们才能获得最大的目标坚持能力，但是通过在一段时间内让孩子应用这种技能会提高孩子们的决策力和自我行为约束力，从而提高学习成绩、社交能力和执行力。我们相信，在小学早期的课堂中，通过交互式的同侪指导和自我监控，让学生练习设定目标，会提高孩子们的目标坚持能力和其他的执行能力，从而更好地实现目标。

孩子执行技能的培养，可以分为七个步骤：

1. 确定行为培养目标或某个具体的问题行为。

2. 设定目标。

3. 制定行为规划。

4. 对这些行为规划进行列表。

5. 在孩子们按步骤进行时，教练要进行监督。

6. 评价项目效果，并在必要时加以修订。

7. 逐渐减少监督。

由上看出，行为目标一旦确定，首先要进行目标设定，在设定目标时应考虑到如何应用其他的执行技能。因此，在实现目标的过程中，制定规划、确定优先项、时间管理、工作记忆和保持注意力等技能都能够得到应用。把这个过程应用到班级范围内，让孩子们学会相互合作来实现目标，执行技能就会得到培养。

在班级内应用这种模式包括如下步骤：

1. 向学生解释什么是目标和目标设定。

- ❏ 解释目标的定义，并要求学生举例说明。
- ❏ 和学生讨论为什么要设定目标，及其重要性。
- ❏ 讨论实现目标的过程，包括实现的步骤、制订计划和练习的重要性。
- ❏ 讨论实现目标所需的时间。
- ❏ 讨论哪些目标是合理的，哪些是不合理的，并举例说明。
- ❏ 讨论如何记住目标，并跟踪指导进展状况。

2. 向学生介绍过程跟踪、过程评估和自我监控的概念。

通过多种方式举例说明过程跟踪，并可以游戏的方式进行举例说明。

3. 介绍什么是指导。

- ❏ 让学生们以日常生活为例说明什么是指导。
- ❏ 讨论学生如何互为指导老师，并举例说明他们如何做好这个角色。
- ❏ 阐明指导与目标实现的关系

❏ 描述学生如何成为指导老师，并举例说明。

4. 讨论如何在日常学习中进行目标设定、自我监控和指导，及其所需工具，并与一名同学进行演示。在下一部分中，我们将介绍一个模式，说明如何在班级学习中利用自我监控和交互式同侪指导进行执行能力培养和实现学习、交际技能培养。

## 帮助学生成为自主学习者

在该部分，我们将向教师展示如何通过一段时间的练习，帮助学生成为自主学习者。自主学习需要学生具有行为自我约束力，而自我约束力要求学生具备自我监控和目标设定能力。如前文所述，行为自我约束力在很大程度上取决于执行力的培养，这些活动都是通过培养自我监控和目标设定能力，提高学生的执行力。教师在学生执行技能培养中起主导作用，通过学生的课堂练习，学生们可以提高执行力和自主学习能力。我们认为，通过交互式的同侪指导，学生们可以轮流担任指导老师和指导对象的角色，从而通过练习学会这些技能。

我们选取了两个班级活动来帮助学生学会并练习自我监控和目标设定。第一项活动是做数学题。教师先让学生在规定时间内完成一份数学试卷。然后，教师收上卷子，进行改错，并为每位学生制定一条标准线。教师与每位同学进行简短交流，让学生针对练习中出现的问题设定一个改进目标，并于星期五之前完成。在这次活动中，学生自行设定目标。为了实现目标，学生们每天都要与指导老师进行练习。

第二项活动是让学生在课堂独立活动中进行指导和自我监控。这项活动旨在让学生在没有教师监控的情况下，在独立学习活动中进行相互指导和自我监控，从而更有效地独立完成课堂任务。尽管第二项活动目标由教师制定，但也可以通过从班级学生意见里选择有益的建议，使其变为由学生决定的任务目标。这项活动需要学生进行目标设定，让学生们意识到哪些学习行为非常重要，并通过不断努力，增加学生的主观能动性。一二年级的学生可以以班级为单位举行这样的活动。

如果教师采用第二种活动方案，也可以选用不同的任务活动（比如，早自习活动、打扫卫生、放学前收拾书包、单词拼写等活动，而不单单是做数学题）。选用上述的几个例子是为了方便演示，而且这几个例子已经在几所学校的试验中取得成功。我们也希望教师能够对这些项目中的计分表进行改进或设计自己的计分表，并选择他们想要让学生练习的行为项目。

这些方法也可以加以改进，用于高年级学生。学生年级越高，需要的项目时间越长，学生的目标周期也越长。因此，我们建议教师设立子目标，并帮学生制订具体计划来实现这些目标。学生们在日常学习中，把这些行为和活动贯穿起来，同时接受同学或同侪教练的监督和评分，从而实现目标。根据相关研究和实践经验得出，其中的目标设定主要指以下几个方面：

- ❏ 设定的目标应该是短期的，而不要周期太长。
- ❏ 如果目标太复杂，应具体制定一些子目标，以便更好地完成。
- ❏ 如果目标有时间限制，应该制定时间表和衡量标准。
- ❏ 练习活动和行为应该具体、便于跟踪、观察和评估。
- ❏ 学生如果对目标实现做出承诺，并知道指导老师对他的练习进行跟踪检查，则更容易完成目标。

## 教学生学会目标设定、交互式指导和自我监督

下列几部分将描述如何在课堂内开展这些活动，并指出活动所需的表

格和计分表。在介绍目标设定、指导和自我监督时，教师可在班级讨论中进行如下描述。

## 目标设定

"这周，我们将要讨论什么是目标和目标设定。其实你们都设定过目标，但是你们未必意识到。当你们说'当我长大以后，我要……'时，其实这就是目标设定，目标是你们想要取得的更好的结果或做出的改变。我的目标之一是学会游泳，如果我设定了这个目标，我应该怎么做呢？我能在教室里学游泳吗？（学生回答：'不能！'）那么我需要什么呢？（学生回答：'游泳池！'）好，如果现在我在游泳池，我能直接跳进去吗？（学生回答：'不能！'）为什么呢？（学生们说：'因为你不会游泳！'）那我应该怎么学呢？（如果学生们没有回答，教师可以接着问。）我是不是需要找个人帮我呢？（学生们说：'是！'如果学生们没有意识到游泳衣的问题，教师可以说）好，现在我在游泳池旁边，教练就在身边，我穿着夹克、牛仔裤和运动鞋，我现在是不是可以到游泳池里了？（学生说：'不行！'）为什么不行？（学生们说：'因为你没有穿泳衣！'）

"现在我来到游泳池，也穿了泳衣，也找到了教练，接下来我需要做的就是听从教练的安排了。那么我能不能一次课就能学会游泳呢？（学生说：'不能！'）在游泳课上，教练会告诉我游泳的一些动作要领，然后我去尝试一下。在下课的时候，教练会告诉我在下次课之前我应该练习的动作，然后我跟教练说我会练习的。

"在第二次游泳课之前，我自己到游泳池练习了三次。如果我有朋友会游泳，我会让他们看着我练习，并问他们我游得怎么样。当我上第二次游泳课的时候，我的教练发现她跟我说的很多动作要领，我已经练习得不错了。但是，如果我没有自己去练习，你们觉得会怎样？我能在第二次课的时候游得很好吗？（学生说：'不会！'）如果我们不在课下练习，我们会在下次课的时候学得更好吗？（学生说：'不会！'）因此，就像刚才我们说的，每个人都有一些想做得更好的事情。你们能告诉我你们想通过练习把哪些事情做得更好吗？（学生举的例子可能包括骑自行车、滑板和游泳。）

"学校是我们学习的地方。你们的目标，以及我对你们的目标就是要学会很多本领，比如阅读、写字、做数学题、集中注意力和听老师的话。这个星期，我们要练习如何设定目标，然后通过练习去实现我们的目标。我们班要设定我们班级的目标，你们自己也要设定自己的目标。"

## 交互式指导

"今天，我们要讨论一下指导的问题。就像前几天我们说的学游泳那样，有个教练可以帮你把很多事情做得更好，教练可以帮助我们实现我们的目标。在我们班里，我是你们每一个人的教练，但是你们有21个人，而只有我一个教练，因此我需要一些小教练，你们每个人都可以做小教练。如果你是教练的话，你可以帮助你的同伴实现他们的目标。"

❏ "如果你是教练的话，你就会像我一样，成为一名老师。"
❏ "你的同伴就是你的学生。"
❏ "如果你们交换角色，你就成了学生，你的搭档就成了教练。"
❏ 一个好教练会：
　（1）鼓励他的学生。
　（2）告诉他的学生需要做什么。
　（3）不会取笑他的学生。

（4）像老师一样，给他的学生打分。

（5）给学生打分的时候要公平和诚实。

"这就是教练要做的事情。每个星期一，你们每个人都要从这个帽子里抽个数字。一旦你抽到了数字，我们就开始找搭档、分小组。抽到1和2的同学会成为一个小组、3和4的同学会成为一个小组。以此类推，这样我们每个人都会有一个搭档。在这一周之内，你和你的搭档要在一起学习，并相互当教练，来实现我们所说的目标。每一组搭档要把你们的名字写在这张表上（参见附录30"班级小组和教练花名册"）。

"大家写好名字以后，前五个小组是橙队，后五组是紫队，每天我会告诉你们什么时候开始进行教练指导活动。现在你们可能没有和搭档坐在一起，在我宣布活动开始以后，你们可以调座位，和你的搭档坐到一起，你们可以轮流调座。星期一的时候，每个小组的第一个人调到你们搭档那里。星期二的时候，小组的第二个人调到搭档那里。这样轮流调座，一直到周末。每到星期一的时候，我们都会重新分组。

"现在，我们说一下搭档小组以及在小组里我们应该做什么。当我们分成很多小组的时候，有的小组会失败，而有的小组会……（学生们回答：'胜利！'）我们每周都会重新分组。你们有的小组会失败，有的小组会胜利。每周，赢了的小组可以选择班级给他们的奖励（比如爆米花派对和比别人多的课间休息时间），我们每周五对赢了的小组进行奖励。当然，那些失败的小组也可以参加，我们每个人都要鼓掌，对赢了的小组表示祝贺，同时也要用掌声鼓励那些输了的小组。就像好的教练一样，好的小组要：

❑ 相互鼓励彼此的付出和努力。

❑ 不要取笑输了的小组。

❑ 不要嘲笑失败小组的成员。

- 要记住，虽然有的小组这一次没有胜利，但下一次他们也能够成功。

**注意**：应该把好教练和好团队的一些优点张贴在教室内，让每个同学都能看到。并在每次指导活动开始前让学生们进行复习，并大声读一遍。

## 做自己的教练（自我监督）

"请大家记住，当你们有目标的时候，当你想要做得更好的时候，你们一定要多练习。当你在练习的时候，你的教练不在身边，你可以做自己的教练。你可以与自己说话，问一下自己是否做得很棒。为了让自己做一个好教练，你可以像跟教练在一起那样，给自己打分，然后把自己的打分跟教练给你打的分进行比较。"

指导和自我监督的主要目标是让学生对自己有准确的评价，并且让教练打分和自我打分相一致。我们采用了"班级自我评价管理模式"，在这种模式下，老师对学生们的搭档小组进行随机抽查。如果发现搭档打分与教师的打分基本一致，教师会对这个小组进行奖励加分。如果教师打分和搭档打分不一致时，应采用搭档打分。

## 数学学习的目标设定

开始这项练习的时候，教师需要给每个学生设定一个学习的基准线，比如，让学生在规定的时间内完成100道加法题。当老师说"开始"以后，学生们开始答题。在结束的时候（五分钟以后），老师要发出结束的信号。做题的时候，要从左往右，从上往下依次进行。在检查完学生做的题以后，教师要总结一下经常出错的题目类型。当老师与学生们单独交流的时候，教师可以让学生看一下他们做过的题，对他们做对的题提出表扬，然后让学生看一下出错的地方，并让他们设定一定改进的目标。教师问一下学生他们估计一周之内能做对多少题，然后将其设定为他们的数学学习目标。

## 教师演示

为了便于向学生介绍如何进行数学互助指导，教师可以使用电子白板、投影仪等展示工具。教师先准备20道数学题，并将其投射到教室墙壁上，然后挑选一名同学作为助手。在演示过程中，教师担当教练的角色，而选中的助手担任学生的角色。教师让助手在一分钟之内做尽可能多的题，并告诉助手几个注意事项，如要把名字和日期写在答卷上，做题的时候从左向右依次答题，写完一行以后再做下一行。在讲完注意事项以后，教师要问一下助手有没有不明白的地方，然后教师说"开始"，并开始计时。一分钟以后，教师喊"时间到"！教练先对学生答卷进行批改，并把做错的题标出来。在改错的时候，教练要对正确的题提出表扬："太棒了！你做对了13道题！""第一行做得非常棒！"接下来，教练指导学生进行改错。教练让学生把做错的题要重新读一遍、写一遍，来巩固正确答案。在整个改错过程中，教练要多给予鼓励。接下来，教练拿出每日计分表，对学生进行打分，然后让学生对教练进行打分（参见附录25，数学学习目标计分表"）。最后，教师让全班同学说一下他们对这个练习过程的认识，并说一下他们想问的问题。

## 学生演示

在教师和学生配合演示完以后，教师可以找两个自愿参加的学生进行演示。教师把提前准备好的数学题发给两位学生，并让他们用纸笔答题。

教师对学生和同侪教练一些好的表现要提出表扬（如"你们的演示做得很好"）。然后，让两名学生互换角色。教师再找几组学生进行演示，并提出表扬。

## 全班演示

进行全班演示时，教师选择搭档小组，并让他们带着材料跟搭档坐在一起。教师对全班进行监控，并且要及时表扬，给学生们反馈意见，让学生们记住一些好的做法："你对杰瑞的鼓励非常棒！""你改错改得非常好！"为了保持大家的积极性，教师可以给这些搭档小组一些奖励分。

## 报分/结束

这个步骤可以简化。每个小组向教师报告分数，由教师进行记录（参见附录30"班级小组和教练花名册"）。最后，所有的材料都由教师保存，学生把计时器还给老师，并回到各自的座位。

## 日常练习

每周一到周四，上完数学课以后，教师告诉学生们进行数学练习。学生们会拿到他们的数学目标记录册，每个记录册里有四套练习题（每天一套）、计分表和一支铅笔。每个小组的计时员从教师那里领取一个计时器，老师发布开始指令后，学生们会有15分钟的时间，在这段时间里，学生们要拿到他们的材料，两个人相互计时一分钟，进行改错，并完成自我评分和同侪教练评分，然后把分数报告给老师，最后把材料交给老师，回到自己的座位。

## 独立工作行为的目标设定

在制订独立工作时间计划时,教师应想好让学生进行以下哪些行为的练习:听从指令、不在教室来回走动、集中注意力和完成作业。通过集体讨论,可以让学生都参与进来,并能帮助他们设定目标。

1. 教师首先要告诉学生,教师的工作是教学,而学生们在学校的任务是学习,然后教师问学生:"什么可以让你们更容易地完成学习任务?"学生们的回答可能包括如下几种:保持安静、上课不要走神和好好听讲。通过提问和举例,教师可从学生的回答中得出如下几个关键点:

(1)听老师的话。

(2)上课时要坐好。

(3)专心做作业。

(4)努力完成作业。

2. 老师说同学们要相互指导,并用一张计分表来监督独立学习行为。在讲这些技巧之前,教师应先将一份"独立工作时间计分表"(参见附录26)投到教室墙面上,或制作一份电子白板,然后,教师向学生讲解如何计分:

(1)要在计分表上写下搭档的名字和日期。

(2)讲解教练指导的评分标准,包括每项工作的评分等级。

(3)在计分表上打分,并算出每个学生的总分。

3. 教师分别举一个正面和反面的例子说明什么是独立工作时间行为。教师可以举例,让学生们对好的独立工作行为表示赞同,对不好的表示否定。

**好的例子** 布朗夫人看到艾比和吉姆安静地坐在他们的座位上做题,她还注意到,在做完作业后,两人把他们的分数都写在计分表上,然后把作业和计分表送回原处。

**不好的例子** 洛奇老师对几个小组说,不要离开自己的座位,但是这些学生到处走动,还在讨论最近他们看的一部电影。

4. 教师示范独立工作行为。教师从班里选几个小组进行教练指导练习的角色扮演。老师小声告诉一名学生,让她离开座位或者跟她周围的同学聊天。两分钟以后,老师问学生们看到了什么。然后全班同学讨论,他们觉得这名同学是否具有独立工作的各项能力。教师可以多进行几次这样的练习,直到学生们能够明白。

5. 学生们练习独立工作行为。学生们被分成两人一组,带着需要的材料(如计分表)进行独立工作练习。教师在教室里来回走动,并对好的独立工作行为提出表扬。

"你听指令非常认真,我很喜欢。"

"你能保持注意力,真棒!"

"你能安静地坐在座位上,非常好!"

"你学习的时候,非常安静,谢谢!"

"你的计分表做得真好!"

6. 第一环节结束后,教师把计分表收上来,并对他看到的那些好的行为提出表扬。

## 日常练习

每天在进行教练指导练习时,最好能至少进行一次独立工作练习。教师告诉学生马上要进行独立工作练习了,同侪教练们找到自己的搭档。教师先让一名学生复述一下什么是好的独立工作行为，然后用计时器开始10~15分钟的计时。这个练习中，搭档之间要同时相互监督。教师给出任务指令，并问一下学生们有没有问题，然后开始练习。在练习结束时，教师让学生们给自己和搭档打分，并比较自己和搭档打的分数，并上报给教师，然后回到各自的座位。教师把每个搭档小组的分数记录在班级花名册上（参见附录30）。因为类似的练习在班级中被成功实施，所以我们选择这样的练习进行训练。在本书后面还有一些其他的、针对早自习（参见附录27）、放学前的书包整理（参见附录28）的打分表，此外还有一个可以进行调整以适应日常课堂教学和行为能力培养的计分表（附录29）。

## 结 论

研究证明，同侪互助指导，也被称为同侪指导或同侪指导，对提高学生的课堂学习成绩和学习行为有着明显的作用。它能使教师把更多的精力放在教学中，同时让学生能够更积极地参与到课堂活动和同学协作中，从而改善学习效果，提高知识的熟练程度。研究证明，与其他传统的以教师为中心的教学指导相比，同侪指导在提高学生学习成绩方面效果更好。在本书中，我们不仅把同侪指导当作提高学生学习成绩的方法，还将其用于提高学生的执行技能。

我们认为，教育的主要目的应该是把学生培养成独立的自主学习者。学生应该全面发展执行技能，从而实现这一目标。采取自我监督的班级同侪指导，可以让学生们在每天的练习中，运用相关的执行技能，从而实现提高学习成绩和行为能力的目标。在学生刚开始学习生活的时候，就可以采用这种互助学习方法。随着不断练习和时间推移，学生的知识掌握会更牢固，而教师的教学和学生的学习都会从中受益。在本章中，我们提供这种方法，希望能够帮助教师在教学中便于应用，同时帮助学生提高学习中的独立性和自主性。

# 第六章
## 执行力与社交技能
Peer Coaching for Social Skills Development

帕梅拉·普卢默

## 帮助学生克服社交困难

指导不仅能有效地满足存在执行技能缺陷的学生的学习需求,最新研究还表明,指导还可以帮助这些学生克服社交困难。同侪指导干预旨在每天对那些存在社交障碍和执行能力缺陷的小学生进行干预训练。本章列举了很多研究,证明了同侪指导干预的优越性,同时还描述了如何在学校里开展该项目。本章结尾部分有同侪指导手册,供相关学校使用。

本书的作者前面讲到,执行力强不仅有利于提高学习成绩,还有助于学生培养和维持人际关系。在反应抑制和情感控制方面存在执行能力缺陷的学生在学校里往往会面临消极的人际交往关系。"三思而后行"、控制情绪和灵活应对是指导人际交往的三个关键技能。最近研究已经指出了执行能力不足、注意力不集中症和社交困难之间的关系,例如,研究者发现学习儿童的早期抑制解除和后期的注意力不集中症以及三年级时的社交困难之间存在着明显的关系。米勒和欣肖(2011)研究发现,早期具有执行能力缺陷的女童,在青春期时会出现人际交往和学习方面的困难。

尽管还需更多的相关研究,但目前证据表明,执行能力(如行为抑制)的不足会影响人际交往。巴克利(1997)认为,行为抑制方面的困难是注意力不集中症儿童行为问题的主要原因。注意力不集中症儿童在控制冲动行为和停止持续行为方面存在很大困难,尤其在和同龄人交往中,这些具有侵略性的行为会导致人际交往中的一些麻烦。如果孩子在行为抑制方面存在障碍,他们经常会打断别人的谈话,通过侵略性的方式解决问题,同时会出现交流技巧的问题,而这些问题使他们在人际交往中,很难对一些行为的后果做出预判。

注意力不集中症儿童会面临很多人际交往问题,一项研究发现注意力不集中症儿童"比那些没有注意力不集中症的孩子更容易被人们认为是坏孩子,受到歧视"。由于这些社交问题存在普遍性,在教学中采取一些针对性的干预措施是非常有必要的。

尽管有很多干预措施能够成功地使存在行为抑制问题的孩子摆脱困扰,多数研究主要集中在学习干预和行为干预方面。多数情况下,当孩子们在社交方面出现问题时,学校会对这些学生提供社交技能培训,这些培训主要集中在合作、自我肯定、责任感、自我控制和移情等方面。

学生们往往在课余时间,很随意的情况下与同伴产生交往问题,而教师又不在场,这就很难进行情景干预。要在课余时间,比如课间,对学生进行情景干预,让同伴参与进来会是一个不错的选择。利用同伴进行干预是非常有效的,这样就减少了成人的指导时间。根据文献记载,在过去的几十年里曾经成功地进行过同侪干预。让同伴成为行为干预者,能够在孩子遇到社交问题的时候立即进行现场干预,此外,同侪干预也更符合自然规律。

在学校的社交技能干预项目中,让学生和同伴在社交过程中处理具体的社交问题，比和成人在一起应对社交问题更为合理。在几所学校的实践中，同伴对注意力不集中症同学的行为干预都取得了成功。在解决注意力不集中症儿童社交问题时发现，在暑期项目中，让同伴对注意力不集中症儿童进行行为干预取得了很好的效果，并促进了他们的友谊。在学校中采取同侪干预的方法是非常有必要的，这样可以解决时间局限性的问题和指导资源缺乏的问题。

帕梅拉·普卢默博士是马萨诸塞州北安普顿市一所小学的学校心理教练，她成立了一个支持团队，并对研究生的论文写作提供了很多关于指导策略的建议。

## 用于培养社交技能的同侪指导

同侪指导不仅应用于两人搭档小组，还可以在整个班级内进行。在每周的集体活动中，通过训练，让学生学会各种社交技能。到目前为止，共有九个小组参加了同侪指导活动。包括成年人在内，所有的参与者都认为，同侪指导能够有效地提高社交技能。而且，成年参与者发现，这种指导项目高效而又低成本。教师和学生认为，这种干预措施耗时少，而效果又非常好。本章的以下部分将要详细描述同侪指导干预，包括在学校内进行同侪指导的一些建议。尽管对同侪的研究基本都是针对注意力不集中症儿童，但它对执行能力存在不足的儿童，尤其是行为抑制方面存在缺陷的儿童也非常有用。

**同侪指导指的是什么？**

从术语角度讲，同侪指导是指两名同学组成一个小组，一名是指导教练，另一名是指导对象，两名同学每天早上会面，并为指导对象制定社交训练目标。这些目标都要记录在"每日目标表"里（参见附录33）。同侪小组会把训练步骤保存起来，并根据上面的分级指导提示，由指导教练提醒指导对象每天的训练目标，直到目标实现。

许多社交行为最好是在课余时间，比如课间休息或午饭的时候发生。在这期间，指导对象全力去实现自己的行为目标，而指导教练要及时观察指导对象的行为。每次训练结束后，指导教练和指导对象要会面并对指导对象的表现进行评分。成年督导要对同侪指导活动进行监控，每周至少与学生们进行一次会面。每个周末，学生们要与成年督导讨论过去一周的训练过程，并做好下周的计划。根据学生每周的表现，成年督导会对学生进行奖励。截止目前，所有的同侪指导小组都是来自三到五年级的学生，这些活动都取得了成功。

## 谁会从同侪训练中受益？

目前，参加同侪指导的学生都是在行为抑制和社交方面存在问题的学生，其中一些同学在课余时间经常与同学产生矛盾，还有一些因为缺乏行为抑制而被同伴排斥。同侪教练的理想人员是那些人缘很好的学生，虽然同侪训练中有成人督导，但很多训练都是有互助搭档单独完成。同侪指导中的指导教练应该具有责任感，应该乐于助人，并自愿参加。具有以下社交行为特点的学生，将会从同侪训练中受益。

- ❏ 在打篮球的时候，因为被别人侵犯而无法控制自己的脾气。训练目标：在被人犯规的时候学会克制。
- ❏ 兴奋的时候会打断别人的谈话。训练目标：在别人谈话的时候不要打断别人。

- 在别人不愿意的情况下，追着别人满操场跑。训练目标：如果别人不喜欢，不要跟他们玩追逐游戏。
- 在课余时间经常和别的孩子争吵。训练目标：不要总是和那个孩子争吵。
- 在做一件事情的时候很难做出选择，并不能坚持下去。训练目标：提前做好选择。
- 感觉别的孩子都不喜欢他，想要找个同伴一起玩。训练目标：在玩耍之前要想好与哪些同伴一起玩。

同侪干预训练应该灵活、因人而异。因此，干预训练要解决孩子们遇到的一些具体问题，尤其是在教师精力有限、无法全部关注到的情况下。

## 什么样的学生可以成为一名出色的指导教练

同侪训练主要是在课余时间进行，因此，选择一名合格的指导教练至关重要。同侪搭档应该知道指导教练要支持指导对象，就像球队教练和队员之间的关系。在同侪干预下，指导对象能够得到教练的全力支持，从而更好地实现训练目标。

成年督导应该选择一名在学校和日常生活中行为表现都很得体的学生作为指导教练。指导教练应该非常包容，而且在指导对象受到不公正对待时能够站出来主持正义。很多教师担心，指导教练会因为自己的角色而在同侪指导中把自己当作老板，而不是队友。目前为止，还没有出现这样的问题，没有学生抱怨他们的指导教练在训练中独断专行。

关于同侪指导的另一个担心是指导教练会承受责任带来的压力，或者因为花费太多时间跟那些存在社交问题的学生在一起而感到来自同学的压力。目前为止，还没有出现这样的问题，恰恰相反，一位接受同侪指导的学生说，每个同学都想成为他的指导教练，这说明无论是接受指导者还是他们的同学对这种同侪训练都是持支持的态度。

在目前进行的所有同侪试验中，教师都选择了合适的教练人选。在教师确定了教练人选后，会跟被指导同学和家长进行交谈，并确认他们认可这名人选，同时也要征得指导教练本人和他家长的同意。在征得双方同意以后，成年督导应该联系双方家长，并向他们说明干预训练的性质和目的。

互助小组的两位搭档每天至少要交谈三次（一次是设定目标，一次是开始训练，一次是就训练表现进行打分），因此，从本班的同学里选择指导教练更加方便。当然，如果指导对象和指导教练能够一起参加一些班级间的活动或学校范围内的交往活动，在活动中可以对社交行为进行观察，则指导教练和指导对象可以来自不同班级。例如，三年级学生汤米设定的目标是在三四年级学生都参加的课余活动中的行为训练。如果教师让汤米和教练能够在上述的三个时间段内碰面，这种方法是切实可行的。目前为止，本章中同侪的搭档都是来自同一班级。

### 指导对象和指导教练必须是朋友关系吗？

担任指导教练的学生应该为人友善、富有同情心和善良，但在互助训练之前，指导对象和指导教练未必一定是要好的朋友关系，但是，两位搭档要彼此友好。在很多情况下，搭档双方只在进行互助训练时进行交流，同时还有各自的交友圈。也有一些教练把指导对象纳入自己的交往圈，经过一起训练之后，两人成为很好的朋友。进行同侪指导不是一定要让这些搭档成为好朋友，但是如果通过训练，两人能够成为朋友，将是非常理想的结果。

## 指导教练承担多少指导职责?

如果没有成人督导的支持,担任指导教练的小学生很难形成一些自己的想法。成年督导在训练中起着非常重要的作用,他们要为互助搭档提出很多信息和建议,此外,督导应让学生们明白指导对象的日常行为与他们长期的社交目标之间的关系。尽管成人督导会向指导对象提出一些建议,但指导教练在社交情境下也可以为指导对象提出一些建议和指导。但是,教练的主要责任是对指导对象起到提醒的义务,并帮助他及时巩固所掌握的社交技能,而无须教给指导对象一些具体的社交技能,以及对他们发号施令。在指导对象进行社交行为时,指导教练应提供相应支持,而成年督导则对这个训练过程进行指导和监控。由于指导教练能够为搭档提供一些好的建议和支持,所以高年级学生的同侪指导训练往往非常成功。

## 在同侪指导中,成年人担任什么角色?

同侪指导的一个优点是,在社交行为发生的时候可以直接进行指导。干预训练也可以在成年人指导下进行社交技能培训和练习,成人督导是同侪指导的关键要素。我们可以这么认为:同侪指导训练实际上有两名教练,即学生教练和成人督导。虽然在老师不在场的情况下,由同侪教练进行指导,但成人督导必须要对指导行为进行监控,成人督导的职责是对学生进行跟踪监控、检查训练的整体性以及每周与学生进行会谈。成人督导要与教师商议如何对学生一周的训练进行奖励,这些奖励在课堂上进行颁发。担任成人督导的可以是学校指导员、心理医生、校长、助教或学校其他行政人员,这些人要能经常对学生的训练情况进行检查。

在每周训练结束时,督导要与学生进行会面,并商讨本周的得分情况，从而对他们进行奖励。督导也可以给互助小组学生的家长写信，告知过去一周学生们的表现。督导还应对训练情况进行检查来确保训练按计划进行，每周的会谈持续20～30分钟，一般在课下时间进行，比如午餐时间。每周的训练计划最好从周一持续到周五，但学校安排统一的时间会存在困难，例如有些学校的周期安排是从本周二到下周二。在进行每周会谈时，督导可以举例说明每周的训练目标，并让学生说一下在训练中遇到的困难。督导应该对学生有充分了解，并认识到指导对象所面临的困难。督导与学生的会谈和对训练进行检查，以及对学生进行奖励，这三项活动的时间一般在30～45分钟之内。在同侪指导训练中，教师首先要选择一名合适的指导教练，然后每天抽5～10分钟对互助小组的训练进行观察，同时，教师可以抽出时间对互助小组进行奖励。

## 如何进行培训？

在进行同侪训练之前，督导应按照手册的要求，对指导对象和指导教练进行培训。培训一般持续45分钟到一个小时，可以一次性完成，也可以分两次进行。应向学生提供训练手册中的一些材料，并把这些材料放在文件夹里，放在指导对象教室的某个地方。督导应该告诉参加者，尽管参加训练的指导对象要去完成一些目标任务，但包括督导和教练在内的每个人都会遇到不同的情况。在向学生们说明训练目的之后，督导让学生进行练习，包括目标设定和模拟打分。

## 怎么进行目标选择？

在下面手册中我们可以看到，互助搭档可以在成年督导的协助下进行每天的目标设定。互助搭档和成年督导进行交流，制定合适的训练目标。在制定目标之前，先让指导对象说一下他自己的目标。同侪教练和督导给指导对象提出一些建议，但最终由指导对象决定采取哪些建议。搭档小组把这些建议的训练目标记录在文档里，并在每周的练习中加以参考。

搭档小组每天可以选择一个不同的目标。如果在实现一个目标的过程中遇到困难，可以多花几天的时间进行训练，但是如果一个目标已经完成，最好不要重复练习。成人督导应该确保学生们选择的目标是合适的。互助干预的目的是解决那些在行为抑制方面有问题的学生的社交困难，因此，学生设定的目标应该是跟社交技能方面相关的。但是，有些搭档小组有时候会在社交技能目标设定中，穿插学习和行为目标。例如，在我们之前的一项试验中，有一组搭档发现指导对象在注意力集中、规划和组织等执行技能方面存在问题后，在设定了社交目标之后，又增加了课堂任务目标。督导应该对每个小组进行监控，帮助学生确立训练目标，但同时要给孩子们一定的自主灵活性。

为了让孩子们获得成就感，孩子们应该选择通过自身能力可以实现的目标，如果目标太宽泛，难度太大，指导对象在训练过程中会有挫败感，因此，目标应该具体、有针对性。

## 社交技能干预能否用于集体模式？

同侪指导是一种针对个人的干预模式，但这种方式也曾成功地应用到集体模式中。学校指导员可以对一个学生团队进行社交技能和行为抑制进行训练，指导员可以实施一个具体的项目，专门针对某项技能进行训练。这个团队可以包括两个或三个两人搭档小组。学生可以在团队内练习社交技能，每个小组在每周对团队训练中学到的技能进行练习，对一些行为抑制缺陷小学生进行的集体训练模式取得了成功。

如果在更大的范围内实施这种干预模式，也可能会取得成功。在同侪社交技能训练中，每个指导对象都需要在生活中的某个时期得到教练支持。有的孩子在踢足球的时候需要控制脾气，有的孩子在课堂发言之前要提醒他记得先举手，有的孩子在交作业之间要记得检查标点符号。老师可以让班里的每个学生都参加到指导训练中，每个学生都找一个搭档，然后两人相互评分。同侪指导的目标是让学生在成人没有足够支持的情况下，通过各种方式相互帮助。因此，在更大的范围内实施这样的训练策略，可以鼓励学生们相互协作、相互支持。

### 如何评价干预措施的有效性？

成年督导应完成训练情况检查（参见附录38），来确定干预措施是否按计划开展，督导至少应该了解指导对象的每周得分是否呈上升趋势。

### 最后说明

干预措施是否值得，取决于投入的时间和精力是否和预期效果相符。根据同侪指导的前期研究成果，我们发现指导效果与投入的时间、精力是相符的。参与同侪指导的所有教师和学生认为，干预措施在提高社交技能方面是非常有效的。在今后的研究中，应更多地研究同侪指导在提高存在执行技能障碍的学生的社交行为方面的效果。现有研究验证了，在学校实施同侪指导对存在社交技能障碍的学生是有帮助的。

学校的教学管理人员可以阅读下文中的操作手册，手册中的表格都列在本书的附录里。在培训过程中可以使用该手册，而手册中的表格可以在同侪指导时使用。

# 同侪指导训练手册

## 什么是同侪指导项目？

同侪指导是指学生们在学校中相互帮助，实现学校生活中的一系列目标。学生们有时很难与同伴相处，或者很难完成日常学习任务。教师很难对学生的社交行为进行跟踪观察，无论在课堂中，还是课下，比如课余时间和午饭时间。如果有同伴能够帮助他们注意平时与同学交往中的言行，这些学生将会受益匪浅。

一名学生教练，一名指导对象，来自同一班级的两名同学组成一个小组，可以每天在一起合作。学生教练和指导对象在每天早上，制定一个目标，然后由学生教练帮助这位指导对象完成目标。在合作训练中，学生教练可以提醒指导对象，提出一些反馈意见，并观察指导对象的行为表现，以确保目标的实现。在每周训练结束的时候，如果指导对象在完成每日目标方面做得很好，他可以得到奖励，而学生教练也可以因为他对指导对象提供的帮助得到一份奖励。虽然每周这两名搭档在一起合作，但会有一位成年督导跟他们配合，并帮助他们制订指导计划。

## 参与者

在同侪指导中，有三方参与者：同侪教练、指导对象和成年督导。同侪教练和指导对象由教师选定，双方都对这个活动感兴趣，并愿意参加。

## 成年督导

成年督导负责对参与的学生进行培训,并在每周与学生进行协作,确保指导顺利进行,并不是只有学生班级的教师才能担任成年督导。

## 指导对象

指导对象是从那些在学校生活中很难跟同伴相处的学生里选出来的。同侪指导的目标是让指导对象在于同学交际中更加积极,减少人际交往中的冲突和矛盾。指导对象要对自己的行为进行自我监督,以赢得每周的奖励,同时,同侪教练会给他提供支持,帮助他完成目标。

## 同侪教练

同侪教练能够与班级同学相处融洽,并且能够与指导对象很好地进行合作。教师认为同侪教练是非常有责任心,而且可以信赖的。同侪教练应对互助项目有热情,并愿意积极参加,帮助指导对象取得成功。同侪教练要帮助指导对象制定目标,并经常提供反馈意见,同侪教练与指导对象每天都要相互检查,以保证指导顺利完成。

## 培 训

培训的第一步是督导与学生会面,会面将持续一小时左右。在会面时,督导向学生们介绍前面提到的项目信息,给学生们一个档案夹,里面包括指导内容和所需的其他材料。督导要告诉学生们在每个周的任何时间,学生都可以就项目指导问题向督导求助。如果督导不在，学生们可以选择另一位成年教师寻求帮助，督导应该向学生的任课教师说明他们要做的事情。在培训结束后，学生们就要在班级内进行同侪指导练习。在项目开始的第一天，督导应该到场进行指导，接下来就要由学生们自己进行。督导每周都要与学生们见面，对指导的进展进行评估，和学生们商讨制定新的目标，并对学生进行奖励。督导应不定期对项目情况进行检查，以确保项目顺利进行。

## 什么是同侪指导

开始培训的时候，督导应向参与双方介绍什么是同侪指导，并解释每个角色的职责。督导应该强调指导对象要和同侪教练合作，同侪教练的职责不是告诉指导对象要做什么，而是一起制定目标，并每天对指导对象进行提醒以及提供积极的反馈意见。

## 确定每天的训练目标

在向学生解释完项目和角色定位后，督导要帮助学生制定合适的指导目标。

日常目标举例：

山姆和科尔比在课余时间总是出现矛盾，尤其是打篮球的时候，他们两人总是争吵。山姆的目标是邀请科尔比到他的球队一起打球，并避免和他争吵。

## 同侪指导项目的记录

两名学生在进行同侪指导项目时要填写使用手册中的表格。同侪教练使用的表格是"同侪教练的互助指导步骤"(附录31),指导对象使用的表格是"学生日常目标步骤表"(附录32)。这些表格分开放在项目档案袋里,两名学生都要填写"每日目标记录表"(见附录33)。

每天早上,两名学生见面,并设定当天的目标,然后将当日目标填写在文件袋的"每日目标记录表"里。在训练目标将要实现的时候,同侪教练要查阅"每日目标记录表",并提醒他的当日目标。在提醒指导对象当日目标时,要让他明白他的训练是否得当。在训练结束时,两人要在"每日目标记录表"里进行打分,先由指导教练进行评分,并遮住他的评分,然后由指导对象进行评分。

## 评分系统

在"每日目标记录表"中,4分表示优秀,3分表示满意,2分表示需要改进,1分表示不满意。下面对四个等级进行说明:

❑ 优秀

  指导对象非常容易地完成目标。

❑ 满意

  ● 在完成目标的过程中,指导对象只遇到一到两个小的麻烦。所谓小麻烦包括与同伴争论,在团对比赛中破坏规则,这些行为都与当日目标有关。

  ● 在指导过程中,督导教师对指导对象提出了一到两点警告,或者指导教练对指导对象提了一到两点意见。

- 在被警告或提意见以后，指导对象能够迅速地改正错误。

  ❏ 需要改进提高

  指导对象在训练中出现3~4个问题（包括与同伴争吵、破坏游戏规则等）。

  在训练过程中，督导教师对指导对象提出了几点警告，或者同侪教练对指导对象提了一到几点意见。

  在被警告或提意见以后，指导对象能够迅速地改正错误。

  ❏ 不满意

  在训练中，指导对象出现了三处或更多的问题。在当日目标训练中，出现很多严重的违规情况，如殴打其他同学等，都会造成不满意的评价。

  在教师提出警告或教练提出建议后，仍然没有改正。

如果两人打的分相差一分，指导对象要接受教练的评分。如果两人打分相同，则对两人奖励一分。如果两人打分相差两分或更多，指导对象当天只能得到一分。两人要把评分记录下来，然后把信息记录到"每周目标记录表"（附录35）上。

## 奖 励

在每周的训练结束后，两位搭档会凭借他们的表现赢取奖励。如果指导对象的周平均分达到一定分数，两人都可以获得奖励。两人准备一份包括三种可能奖励的文件，并填写"奖励表"（附录34）。根据每周两个人的平均分，计算出每周得分，分数保留小数点后一位数。分数范围如下：三等奖：平均分为3.0~3.9分；二等奖：平均4.0~4.9分；一等奖：5分。

在指导期间，将"奖励表"填完，并在教师批准后发奖。

在每周指导结束时，学生们算出他们本周的平均得分，并填到"周目标表格"中。如果需要的话，督导可以帮助学生计算分数。一旦学生们算出他们得到哪种奖励，他们要让督导看一下他们的平均分，并说明他们完成了哪项目标。督导将这些信息填到"给特定学生家长的信"中（附录36和附录37），并把信交给两位学生的家长。督导要与学生和教师沟通，保证把奖励发给学生。

**实践训练**

在向学生介绍完项目步骤以后，督导让学生填写一份"社交目标"样表和"奖励表"样表，然后开始真正的训练。学生在"社交目标样表"里填入他们设定的目标，并填写"每日目标记录表"。督导对学生填写的样表进行打分，并计算出每天的得分。同时，还要练习计算每周的平均得分。对填写样表中的任何问题，督导都要进行询问和回答。如果学生能够准确地操作，填写"每日目标记录表"，并把分数准确无误地记录到"周目标表格"，培训就算顺利完成。

# 第七章
## 指导的终极目标：
## 让学生获得更大的独立性和自主性
Parting Thoughts

让我们对指导项目进行一下回顾，我们运用了多种术语来讲述什么是指导，以及指导如何促进年轻人发展。我们认为指导是帮助学生学会自我管理、自我约束的一种策略，目的是使学生成为能够自我调整的学习者。我们教给学生的学习技能有自我监督、自我指导、自我对话和自我评价。

指导的最终目标与有效教学的终极目标是一致的，即让学生能够获得更大的独立性或自主性，从而在离开高中以后也能够成功地在各自领域做好自己的工作。这种自我作用的能力被称为自主决定，自主决定的定义如下。

> 自主决定是指各种技能、知识和信念的综合，它是一个人能够有意识地、自主地进行一些活动，并能够进行自我调节。自主决定能够使人认识到自己的优势和不足，同时还坚信能够胜任和有效地完成某项工作。基于这些技能和态度，个人能够更好地控制自己的生活，并在社会中取得成功。

正如文中所说，指导能够培养学生的自主决定能力，尽管指导过程主要针对目标设定和制订每日计划来实现目标，但好的老师并不局限于此，他们通过三种方式帮助学生了解自己：(1)在指导之初，通过与学生交谈，帮助学生确定自己的长期目标和学习问题；(2)在指导过程中，让学生完成各种调查和调查问卷；(3)在开展指导的过程中，老师与学生进行经常性的交流。通过帮助学生解决问题、教学生收集数据并进行评价、在学生取得成功时为学生喝彩以及让学生反思他们取得成功的诀窍，老师帮助学生建立了自信心、积极的学习态度和个人成就感，在指导结束后，这种成就感能够使学生在自己选择的道路上勇往直前。

我们引用了大量关于指导有效性的研究，这些研究证明，短期的指导能够提高学生的学习成绩，改善作业完成情况，提高答题准确率，以及解决学生在社交方面存在的不足。然而，很多定性研究也证明了指导能够有效地帮助学生培养自主决定能力。帕克和鲍特尔（2009）对一群大学生进行了采访，这些大学生与老师合作了几个测试周期以后，在一次自主决定能力的客观测量中都取得了高分。他们在面试中总结出几个关键主题，回答了研究中存在的三个主要问题：

1. 学生们参加以及不参加指导项目的原因是什么？
2. 相比其他的项目，学生如何定义指导？
3. 学生认为指导项目的优缺点分别是什么？

学生们的回答跟我们之前的试验结论非常一致，接下来我们将总结一下我们的试验发现（希望读者们读一下这篇文章，以更充分地了解指导项目）。

第七章　辅导的终极目标：让学生获得更大的独立性和自主性

# 提供更好的指导策略

学生们认为指导可以帮助他们取得更好的学习成绩，同时他们希望提高执行技能得到提高。有几位同学认为时间管理能力非常重要，而另一些同学想通过指导提高组织能力。学生们认为指导能够帮助他们实现一些有意义的目标，并将其作为继续指导的原因。

尽管学生们支持我们的指导项目和目标，但他们认为需要对所学的技能进行内化，因此停止了指导项目，一名学生说"经过三个测试周期的指导，我已经了解我需要做什么，以及我应该做什么，因此没有必要继续参加指导"。

## 与其他项目相比较

在帕克和鲍特尔的研究中，学生们把指导与其他的支持项目进行了多方面的比较，他们认为指导是非常个性化的，因为老师能够及时的了解他们的指导对象并提供最好的指导策略。他们还强调，老师会提供指令或建议，鼓励学生做出决定，并解决问题。作者说："与指导或策略培训等说教式的方式不同，老师通过提问技巧能够引导学生设定目标、自我规划和制定策略。学生们说老师提出很多问题，来激发学生们的执行技能。"跟学生们过去接受的指导项目不同，他们认为"指导是一种合作关系，他们和老师是积极、平等的搭档关系，可以一起确定指导工作的目标和结果"。他们还说，通过指导项目，他们能够把学到的目标达成技能应用到学习之外的领域。最后，他们能够使用"自我对话"技巧，对自己进行指导。一位学生说："现在我脑子里总有一个声音在提醒我：查尔斯，你需要做这件事情了，查尔斯，不要做这件事情。"

CHAPTER 7. Parting Thoughts

# 帮助孩子更好地实现人生目标

在帕克和鲍特尔的研究中,学生们指出了指导项目的几个优点,这些优点能够给他们带来持久的变化。他们认为,指导可以使他们"认清并实现学习目标和人生目标,从而培养更加准确和积极的自我意识,提高生活质量"。自我意识能够让他们明白"在他们追求目标时,应该先认识并接受他们执行能力存在的不足,并懂得如何实现这些目标"。最后,学生表示,随着目标的实现,他们的态度出现了改变,包括能够自我减压、改善与他人的关系以及自信心增强等方面。

对于指导过程的局限性,学生的描述各式各样。一名学生表示,不断加重的抑郁症使她无法参加指导项目,而另一名学生则说忘记了很多指导课程,第三位学生抱怨,指导项目的效果不能立竿见影。很多人认为目标设定环节非常困难,因为他们没有做好为自己设定目标的准备。还有一名学生表示非常沮丧,因为老师不像他想象的那样进行指导。

尽管这篇文章主要关于大学生,但我们的指导手册主要是针对小学、初中和高中的儿童和青少年,尽管如此,我们还是向那些参与指导的大学生表示感谢。我们相信,在小学和中学推广这种指导模式,能够为学生的未来求学和毕业之后的工作做好充分准备。通过这本书,我们希望教育界同行和心理医生们能够把这种指导模式应用到更多的年轻人身上。执行技能的培养确实需要一定的时间,然而,我们相信,不管什么时候开始指导,在那些经验丰富而又博学的指导老师的帮助下,这些技能能够成为孩子们的良好习惯,并能帮助孩子更好地实现他们的人生目标。

## 实践练习题
Practice Exercises

### 练习1：转述

阅读下列陈述，并写下一个合理转述。记住：转述必须使用不同的语言尽可能简洁地介绍信息。本章结尾列举了建议答案，你可以将自己的回答与建议答案进行比较。

**1A**

学生：昨天晚上我准备按计划完成作业，我朋友苏西给我发短信说，她想她男朋友要跟她分手，因此，我不得不给她打电话，我们打了45分钟电话，我不能不管她。

转述：_____

_____

_____

**1B**

学生：今天下午放学后我应该去参加格斗训练，但是蔡斯老师要给我们做经济学学期考试指导，我经济学学得不好，我觉得确实需要去参加指导，可是如果不去参加格斗训练，格斗教练会杀了我的。

转述：_____

_____

_____

**实践训练**

在现实世界中试试转述，在实际工作中或与家庭成员在一起时都可以尝试。你认为转述是怎样进行的？对你来说简单还是难？在转述过程中最难的是什么？

_____

_____

_____

## 练习2：反应式倾听

阅读下列学生陈述，然后写下一个适当的"反应式倾听"的回应，记住一定要关注学生表达出的感情，并挑出主要内容，本章末尾备有建议答案。

### 2A

学生：我的事都堆到一起了！我的英语论文还没交上，还要复习两门课的考试，妈妈还让我去给表妹看孩子，这得占用我周六一整天的时间，我太忙了，真浪费不起这一天的时间。

回应：_____

_____

_____

**2B**

学生：我的足球教练从来不用我，每次训练我都参加，踢得一直很努力。运气好的时候，在必赢的比赛快结束时，他会让我上场踢两分钟，我们的球队也不是什么专业队，只是个二级队而已！【注：这并不是一个学业相关的问题，但是当学生与指导老师关系融洽之后，他们经常会提到其他的一些话题。很显然，这个学生现在满脑子都是这件事，通过对学生的感情做出回应的方式，学生可能才会抛开这件事，安心地开始指导课。

回应：_____

**实践训练**

在现实世界中试试转述，在实际工作中或与家庭成员在一起时都可以尝试。你认为转述是怎样进行的？对你来说简单还是难？在转述过程中最难的是什么？

_____

## 练习3：开放式提问和封闭式提问

回答下列问题，写出在指导过程中，你对开放式提问和封闭式提问的理解。

## Practice Exercises

**3A**

在哪些情况下,指导老师会使用开放式问题?

_____

_____

**3B**

在哪些情况下,指导老师会使用封闭式问题?

_____

_____

**3C**

写出两个开放式问题的例子:_____

_____

_____

**3D**

写出两个封闭式问题的例子:_____

_____

_____

**实践训练**

在工作时或者与家人一起时,练习使用开放式提问和封闭式提问。将你的问题写下来,你认为在那些场景下都使用了合适的问题吗?解释原因。

_____

_____

_____

_____

## 练习4：支架式教学

### 4A

阅读下列支架式教学情境，使用下列表格核查老师对学生使用了哪些技巧，在对话中将这些技巧用英语字母标记出来（即列表内的黑体字母）。

| 支架式教学活动 | 老师是否使用 |
| --- | --- |
| 加强学生对任务的兴趣。（**E**, enhance） | |
| 简化任务，例如缩减步骤，或使任务更明确。（**S**, simplify） | |
| 提供指导。（**P**, provide） | |
| 指出学生完成的作业和老师期望的作业之间的差距。（**I**, identify） | |
| 减少挫折和风险。（**R**, reduce） | |
| 给出反馈。（**G**, give） | |
| 帮助学生将指导技巧内在化或普遍化。（**A**, aid） | |

学生：我的科学作业是要写一篇作文，描述最近15年内改变我们生活的技术革新。我不知道该怎么写。

老师：你觉得第一步该做什么？

学生：首先，我得决定写什么内容，每天使用大量的科技，但我不知道哪一种是最近15年发明的。

老师：你觉得我们是不是可以先多想想，并把可能的技术创新都列下来？然后我们再做什么呢？

学生：然后我可以上网查一下它们的发明时间。

老师：嗯，也可以，不过，如果你列举了很多的发明，你能一项项地查吗？

学生：我可以给我科学老师看看，问问他哪些是最近15年的发明。

老师：你科学老师会回答你吗？

学生：不会，他会让我自己查。

老师：还有什么方法能缩小一下范围呢？

学生：我考虑一下，我也许可以问问我爸爸，他或许知道。

老师：可以问问看，你觉得先浏览一下列的清单，把不感兴趣的去掉怎么样？

学生：好主意！

老师：好的，我们概括一下写作文需要的具体步骤。首先，我们要明确作业是什么；然后，用头脑风暴的方法想一下写作内容；再下一步，要缩小一下备选的范围，选择那些既符合作业要求，你又非常感兴趣的项目，是这样吗？

学生：是的。好吧，我现在就开始头脑风暴了。等等，我不知道怎样头脑风暴啊？

老师：头脑风暴就是想出很多想法，完整地把它们列举出来。

学生：好的，我想想啊，我使用智能手机，玩电子游戏，我还上网，就这么多吧。

老师：你确定？

学生：我想是吧，这被我原来想象的要少。

老师：想想某一天怎么样？上学时间和周末都可以，想想这一天都用了哪些东西。以上周日为例，从起床那一刻起到晚上上床睡觉，你都用了那些技术呢？你也可以想想你都用这些技术做了什么事情，例如，我猜你用手机做了很多事情，你可以想一下你做的每一件事情中都蕴涵着那些技术呢？

学生:(在老师的帮助下,列举了更多的技术,然后他从中选出了自己最感兴趣的一些。)

老师:好的,现在告诉我头脑风暴是什么意思呢,你觉得这种方法还可以用于你的什么作业上呢?

学生:头脑风暴就是要开动脑筋,尽可能地想出很多主意,先不对它们进行判断,只是把它们列举出来。我可以把这种方法用在物理作业上,物理老师要求我们用一些简单的工具想出一种可以节省劳动力的装置。

老师:噢,你给头脑风暴下了一个非常严密又简洁的定义,甚至还想到了怎样把这种技能应用于另外一个学习任务上,你太棒了!

## 4B

假设你要指导一名工作记忆非常差的学生,她总是忘记将完成作业所必须的学习资料带回家,在家写完作业后她经常忘记把学习资料放回背包里,她总是忘记交作业,除非老师单独提醒她。利用支架式教学理论,帮助这名学生记住她应该做的事情,并列举相应步骤:

(1)_____

(2)_____

(3)_____

(4)_____

（5）

**实践训练**

描述一个你对学生进行支架式教学的场景，在这种场景下，没有你的帮助，学生无法成功，但是如果你给学生提供帮助，学生就有可能成功。

## 练习5：清晰的指令

为了训练提供清晰指令的技巧，请写下从你的工作地点到你家的路线，先画出地图可能会有帮助，然后可以根据地图写出路线，让别人可以根据你的指令从你的工作地点到达你家。

地图

到达我的房子的路线：_____

_____

_____

_____

_____

_____

**实践训练**

在指导完一个学生，或者给一个班级上完课之后，完成下列检查表，核查一下在你的课中纳入了哪种指导方法。需要注意的是，并不是所有的方法在所有时间有效。但是，如果遗漏了一些步骤，你能想出其他的一些可能应用于教学程序中的方法吗？

| 指导方法 | 已使用（+）或未使用（-） |
| --- | --- |
| 陈述课堂目标。 | |
| 不偏离主题，每次着重于一个学习步骤。 | |
| 避免歧义词或词组。 | |
| 分步骤给学生呈现学习材料，并逐步清楚解释。 | |
| 将技巧模型化。 | |
| 为解释技巧提供多个范例。 | |
| 从正面陈述指令（就是说不要用禁止做什么的语气）。 | |
| 经常检查学生对所学内容的理解。 | |
| 指导课要简洁明了。 | |
| 给予学生指导性练习。 | |
| 给予学生的口语课提供书面检查表或直观教具。 | |

## 练习6：具体的表扬

在下列情境下，写出包含有效表扬成分的陈述。

### 6A

学生汇报说她为了历史考试确实复习了一个半小时，在过去，她从来学不到半个小时，一般就只是看几眼笔记本。

_____

_____

### 6B

学生跟他的生物老师约时间见面讨论了考试成绩差，生物老师对指导老师说他对于这次会面印象深刻，因为在谈话期间学生能够很好地控制情绪。

_____

_____

### 6C

学生同意数一下他在数学课上说话的次数，并在一张索引卡上做上标记。第二天他带来了这张卡片，从卡片上可以看出，与前一天相比他上课说话的数量减少了一半。

_____

_____

## 练习7：优势与不足

从个性化视角，为了理解执行力，我们建议你做附录4中的执行力问卷调查表（学生版），并在完成之后回答下列问题：

（1）在下面列出2~3个最高分项，代表你的执行力优势；列出2~3个最低分项，代表你的执行力不足。

## 实践练习题

执行力优势　　　　　　　　　　执行力不足

_____　　　　_____

_____　　　　_____

_____　　　　_____

（2）描述在你学习中可以使用执行力优势的三个方面：

_____

_____

_____

（3）写出三种由于执行力缺陷导致的、对你富于挑战性的任务：

_____

_____

_____

现在思考一下，如何在指导老师的指导下提高你自己执行下列任务的能力。我们会给你提供一个范例，你可以依此例完成自己的指导计划。

### 指导计划

| 执行力不足：组织能力 |
| --- |
| 由于执行力不足而让你难以完成的学习任务：<br>保持书桌桌面整洁 |
| 如何在老师的帮助下解决这些问题？<br>1. 与老师一起制订计划，把桌面逐渐收拾干净，也就是说，不是立刻完成，这对你来说太困难了。<br>2. 每天与老师见面，制订当天的计划，例如，将所有材料整理成两摞，该保留的保留，该扔的扔掉，将书或其他材料放回原处（放回书架，或还给其主人等）；每天工作结束时，将每天的作文放入文件夹。<br>3. 桌面干净整洁之后，与老师一起制订一个计划保持这种状态，例如，在每天下午放学之前清理书桌，老师每天检查学生的任务执行情况。<br>4. 制定计划慢慢退出指导——隔天一次，一周两次到一周一次等。 |

## 练习8：指导计划

利用上述模板，针对由于执行力不足而导致你难以完成的一项工作，写一份指导计划解决这个问题。

**指导计划**

| |
|---|
| 执行力不足： |
| 由于执行力不足而让你难以完成的工作任务： |
| 如何在指导老师的帮助下解决这些问题？<br>1.<br><br>2.<br><br>3.<br><br>4. |

## 练习9：生成目标达成评级表

生成两份目标达成评级表。第一份要解决到期不能按时上交作业的问题，第二份要解决你自己的一个执行力不足的问题，你可以从手册中讲到的十一种执行力不足所导致的问题行为中做出选择。

**目标达成评级表**
**行为：不能按预定时间上交作业**

| 任务达成等级 | 行　为 |
| --- | --- |
| -2（远远低于预期水平） | |
| -1（略低于预期水平） | |
| 0（预期成果水平） | |
| +1（略高于预期水平） | |
| +2（远远高于预期水平） | |
| 监测时间 | 监测：_____ 每天 _____ 每周<br>_____ 其他情况（具体说明）：_____ |

**目标达成评级表**

问题行为：_____

| 任务达成等级 | 行　为 |
| --- | --- |
| -2（远远低于预期水平） | |
| -1（略低于预期水平） | |
| 0（预期成果水平） | |
| +1（略高于预期水平） | |
| +2（远远高于预期水平） | |
| 监测时间 | 监测：_____ 每天 _____ 每周<br>_____ 其他情况（具体说明）：_____ |

## 练习10：绘制近期目标图表

选择三个近期目标，并标记出每个图形的X轴和Y轴。

选择的目标：_____

选择的目标：_____

选择的目标：_____

## 练习11：检查表

创建一份检查表，帮助学生记住每天的课程上需要记住的内容，以数学课为例，他需要记得交作业，将作业内容写下来等。

| 需记住的项目 | 检查（√） |
|---|---|
|  |  |

### 练习12：评价表

创建一份评价表（使用附录18所示评价表或者自己设计制作），用于下列任意一种情况：（1）提高笔记质量；（2）管理行为焦虑，例如上课大声发言，在课前做演讲或管理考试焦虑；（3）保持科学笔记的条理性。

### 练习13：解决问题

你指导的学生向你抱怨说，她所在的学习小组的同学们不能在一起好好学习，她担心这种情况最终会影响小组的期末项目分数，而且也会影响到她自己的期末成绩。小组内有同学打架，有一个人什么都不做，而另一个同学总是想要控制这个团队，不让其他同学参与。使用下页工作表，想象一下与学生一起解决问题的过程，回答问题，并找出合理的解决问题的方法，最后两个问题不必回答。

## 解决问题工作表

| 问题是什么? |
| --- |
| |

| 为了解决问题,我可以做什么? |
| --- |
| |

| 首先我要尝试那种办法? |
| --- |
| |

| 如果这种方法行不通,我应该怎么做? |
| --- |
| |

| 事情如何发展?我的解决方法是否有效? |
| --- |
| |

| 下次我应该怎么做,做出哪些改变? |
| --- |
| |

## 练习14：个别教育计划（简称IEP）目标

为下列每种问题写出一个符合书中提到的三个标准的IEP目标：

### 14A

学生经常忘记将完成作业必要的学习资料带回家，如学习单、课本、练习册、笔记本。

### 14B

学生总是低估完成作业实际所需的时间，他们经常在最后一分钟才能完成作业，或者迟交作业。

### 14C

学生在考试时会因为粗心做错题或者会漏题，结果考试分数很低甚至不及格。

## 练习15：介入反应模式（简称RTI）框架内指导

RTI框架内指导的合理进展应该是从一级教室内指导发展到二级小组指导，最后到三级个人指导。描述一下在下列学业问题中，该如何进行三级干预指导：

## Practice Exercises

**15A**

学生考试经常不及格,主要原因是她根本不学习。

一级干预:_____

_____

二级干预:_____

_____

三级干预:_____

_____

**15B**

学生总是迟交作业,原因是她总是丢失必要材料或者放学时忘记将所需资料带回家。

一级干预:_____

_____

二级干预:_____

_____

三级干预:_____

_____

# 实践练习答案
## Practice Exercises Answer Key

**练习1A**

转述：你打算写作业，但是朋友出了些问题，你觉得必须要陪着她。

**练习1B**

转述：听起来时间上有冲突——你想要去参加蔡斯老师的指导，但是这段时间你还得参加格斗训练。

**练习2A**

回应：听起来你感觉学校留的作业太多了，而且有点生你妈妈的气，她没有事先跟你商量就答应人家让你去看孩子。

**练习2B**

回应：你对你的教练感到很恼火，因为他只让你上场那么短的一段时间。

**练习3A**

当你想让你的学生更深入地思考，并且运用自己的执行技能制订计划和解决问题的时候。

## Practice Exercises Answer Key

**练习3B**

当你想让他们承诺制订计划，或者是你想让他们承诺会执行计划的时候，封闭式提问可以被用于那些认知灵活性较差的学生。

**练习3C**

1. 这个周末你已经有那么多作业要做了，还怎么写论文？

2. 你要用什么样的学习策略来复习美国历史期中考试呢？

【注：如果回答这些问题有困难，请参看第四章关于开放式提问的一些范例。】

**练习3D**

1. 你放学回家之后，要间隔多久才开始写作业？

2. 你放学回家之前有没有使用检查表确定一下是否带齐了完成作业所需的资料呢？

**练习4A**

| 支架式教学活动 | 老师是否使用 |
| --- | --- |
| 加强学生对任务的兴趣。（E, enhance） | √ |
| 简化任务，例如缩减步骤，或使任务更明确。（S, simplify） | √ |
| 提供指导。（P, provide） | √ |
| 指出学生完成的作业和老师期望的作业之间的差距。（I, identify） | |
| 减少挫折和风险。（R, reduce） | √ |
| 给出反馈。（G, give） | √ |
| 帮助学生将指导技巧内在化或普遍化。（A, aid） | √ |

学生：我的科学作业是要写一篇作文，描述最近15年内改变我们生活的技术革新，我不知道该怎么写。

老师：你觉得第一步该做什么？（F）

学生：首先，我得觉得写什么内容。我们每天使用大量的科技，但我不知道哪一种是最近15年发明的。

老师：你觉得我们是不是可以先多想想并把可能的技术创新都列下来？（D）然后再做什么呢？

学生：然后我可以上网查一下它们的发明时间。

老师练：嗯，也可以，不过，如果你列举了很多的发明，你能一项项地查吗？（S, F）

学生：我可以给我科学老师看看，问问他哪些是最近15年的发明。

老师：你科学老师会回答你吗？

学生：不会，他会让我自己查。

老师：还有什么方法能缩小一下范围呢？

学生：我考虑一下，我也许可以问问我爸爸，他或许知道。

老师：你可以问问看，你觉得先浏览一下列的清单，把不感兴趣的去掉怎么样？（I）

学生：好主意！

老师：好的，我们概括一下写作文需要的具体步骤。首先，明确作业是什么；然后，采用头脑风暴法想一下写作内容；再下一步，缩小一下备选的范围，选择那些既符合作业要求，又非常感兴趣的项目，是这样吗？（S）

学生：是的。好吧，我现在就开始头脑风暴了。等等，我不知道怎样头脑风暴啊？

老师：头脑风暴就是想出很多想法，完整地把它们列举出来。

学生：好的，我想想啊，我使用智能手机，玩电子游戏，还上网，就这么多吧。

老师：你确定？

## Practice Exercises Answer Key

学生：我想是吧，这比我原来想象的要少。

老师：想想某一天怎么样？上学时间和周末都可以，想想这一天都用了哪些东西。以上周日为例，从起床那一刻起到晚上上床睡觉，都用了那些技术呢？也可以想想你都用这些技术做了什么事情，例如，我猜你用手机做了很多事情，你可以想一下做的每一件事情中都蕴涵着哪些技术呢？（D）

学生：（在老师的帮助下，列举了更多的技术，然后他从中选出了自己最感兴趣的一些。）

老师：好的，现在告诉我头脑风暴是什么意思呢，你觉得这种方法还可以用于什么作业上呢？（A）

学生：头脑风暴就是要开动脑筋，尽可能地想出很多主意，先不对它们进行判断，只是把它们列举出来。我可以把这种方法用在物理作业上，老师要求我们用一些简单的工具想出一种可以节省劳动力的装置。

老师：噢，你给头脑风暴下了一个非常严密又简洁的定义，甚至还想到了怎样把这种技能应用于另外一个学习任务上，你太棒了！（F）

**练习4B**

1. 确定问题之所在，例如，似乎你这周有好几次都忘记将完成作业的学习资料带回家了。

2. 询问学生，问她是否有什么方法可以让自己记住所有事情。

3. 如果她难以回答这个问题，可以建议他们一起开动脑筋，想出各种可能性，然后问问学生愿不愿意让你给她一些建议，看哪个方法更适合。

4. 选择一种方法，并让它更具体。例如，如果她决定制作每天日终检查表，那么接下来应该：（1）要求学生想出所有应该列在检查表上的资料；（2）询问学生最好把检查表放在哪里，例如存在手机里、写在一个卡片上并放在钱包里、放在文件夹或笔记本里；（3）询问学生她怎样才能记得在放学回家之前记得拿出检查表检查她的物品。

5. 要求学生评价他的目标或策略,并改进它,例如,在做这些工作过程中,你可能会遇到什么困难?这些困难和障碍可以去掉吗?还有什么方法可以让你做得更好?

**练习6A**

你学习了90分钟,你以前从来没有学习这么长时间,用了什么不同的学习策略吗?这次任务坚持得真好!

**练习6B**

你的生物老师跟我说:你跟他说你的考试成绩的时候,很好地控制了自己的情绪。我想你在困难的情况下能够越来越好地控制自己的情绪了。

**练习6C**

看!通过你的努力,很显然,你达到了每次在课堂发言之前举手的目标。

**练习9**

**目标达成评级表**
**行为:不能按预定时间上交作业**

| 任务达成等级 | 行 为 |
| --- | --- |
| −2(远远低于预期水平) | 科里迟交了30%的作业。 |
| −1(略低于预期水平) | 科里迟交了21%~30%的作业。 |
| 0(预期成果水平) | 科里迟交了低于20%的作业。 |
| +1(略高于预期水平) | 科里迟交了5%~19%的作业。 |
| +2(远远高于预期水平) | 科里迟交了少于5%的作业。 |
| 监测时间 | 监测:_____ 每天   X   每周 _____ 其他情况(具体说明):_____ |

## Practice Exercises Answer Key

**练习10**

### 近期目标范例

| 目 标 | 评价手段 | 坐标横轴 | 坐标纵轴 |
|---|---|---|---|
| 5天中有四天能完成80的作业。 | 绘制图表,描述每日完成作业比例。 | 星期 | 完成作业百分比 |
| 5天中有4天准确地完成了数学作业。 | 绘制每日准确性图表。 | 天 | 正确的项目百分比 |
| 每次西班牙语测验之前至少复习30分钟。 | 绘制图表描述每次测验前花费的复习时间。 | 测验(列举测验日期) | 学习的分钟数 |
| 所有的科学测验和考试都得到80分或80分以上。 | 绘制图表表示测验和考试分数。 | 测验或考试(列举日期) | 所得分数 |
| 10天中有9天去上数学课。 | 绘制表格,表达每周参加数学课的数量。 | 星期 | 每星期上数学课的天数。 |
| 按时上交所有的英语作业。 | 绘制表格,描述每周按时上交英语作业的比例。 | 星期 | 每星期按时上交作业的百分比。 |
| 参与法语课。 | 在课堂上使用计数单,绘制表格表示每次上课举手的次数。 | 天 | 上课举手回答问题的次数 |
| 保持生物笔记条理有序,并及时更新。 | 创建一份1~5级的评价等级表,每次指导课上都与老师一起对笔记进行评级,绘制图表表示每日评价。 | 天 | 评价等级 |
| 每节体育课都带运动服。 | 绘制图表表示学生每日记得带运动服的天数。 | 星期 | 带衣服上课的天数。 |
| 第一节课按时到达。 | 绘制图表表示每日按时到达天数的比例。 | 星期 | 按时到达天数的百分比 |
| 放学后每周最少两次参加数学指导课。 | 绘制图表表示每周参加数学指导课的天数。 | 星期 | 参加数学指导课的数量 |
| 将长期计划拆分成小的任务,并制定时间表。 | 完成长期项目计划表,绘制图表,表示按时完成步骤的比例。 | 项目(按天计算) | 按时完成的步骤的百分比 |

## 练习11

| 需记住的项目 | 检查（√） |
|---|---|
| （1）上交作业<br>（2）记下作业<br>（3）将所需资料装进背包：<br>　　a. 作业本<br>　　b. 数学课本<br>　　c. 数学作业单<br>　　d. 计算器<br>（4）完成数学作业<br>（5）将完成的作业放回背包 | |

## 练习12

被评估技能：提高笔记记录技巧

| 影响因素 | 标准 | | | | 得分 |
| | 4 | 3 | 2 | 1 | |
|---|---|---|---|---|---|
| 包含关键概念 | 与原稿比较，至少包含80%的关键概念。 | 与原稿比较，至少包含60%的关键概念。 | 与原稿比较，至少包含40%的关键概念。 | 与原稿比较，包含不足40%的关键概念。 | |
| 记下与关键概念相关的详细解释 | 每个关键概念包含6~8个详细解释。 | 每个关键概念包含4~5个详细解释。 | 每个关键概念包含2~3个详细解释。 | 每个关键概念包含1个详细解释或没有解释。 | |
| 实际应用（问题，与个人经历联系在一起） | 为所有的关键概念都至少生成一种应用或一个问题。 | 为一半的关键概念都至少生成一种应用或一个问题。 | 为1/4的关键概念生成一种应用或一个问题。 | 为少与1/4的关键概念生成一种应用或一个问题。 | |
| | | | | 总　分 | |

## Practice Exercises Answer Key

被评价技能：管理行为焦虑

| 影响因素 | 标准 | | | | 得分 |
|---|---|---|---|---|---|
| | 4 | 3 | 2 | 1 | |
| 轻松地做课堂演讲 | 以1~5级来进行评价，我的行为评价为5级（最小焦虑）。 | 以1~5级来进行评价，我的行为评价为4级（轻度焦虑）。 | 以1~5级来进行评价，我的行为评价为2~3级（中度焦虑）。 | 以1~5级来进行评价，我的行为评价为1级（重度焦虑）。 | |
| 没有焦虑地完成考试 | 以1~5级来进行评价，我的行为评价为5级（最小焦虑）。 | 以1~5级来进行评价，我的行为评价为4级（轻度焦虑）。 | 以1~5级来进行评价，我的行为评价为2~3级（中度焦虑）。 | 以1~5级来进行评价，我的行为评价为1级（重度焦虑）。 | |
| 做作业不用担心是否完美 | 以1~5级来进行评价，我的行为评价为5级（最小焦虑）。 | 以1~5级来进行评价，我的行为评价为4级（轻度焦虑）。 | 以1~5级来进行评价，我的行为评价为2~3级（中度焦虑）。 | 以1~5级来进行评价，我的行为评价为1级（重度焦虑）。 | |
| | | | | 总　分 | |

被评价技能：保持科学笔记本条理有序

| 影响因素 | 标准 | | | | 得分 |
|---|---|---|---|---|---|
| | 4 | 3 | 2 | 1 | |
| 包含相关部分 | 包含老师指定的所有部分。 | 漏掉一部分。 | 漏掉两部分。 | 漏掉两个以上的部分。 | |
| 包含相关材料 | 无漏掉的材料。 | 每部分漏掉内容不超过一页。 | 每部分漏掉内容不超过两页。 | 每部分漏掉3页或3页以上材料。 | |
| 材料置于恰当位置 | 无散页或者错放页。 | 1~2张散页或错放页。 | 3~5张散页或错放页。 | 多于5张散页或错放页。 | |
| 书写和纸张整洁（无褶皱） | 纸张无皱褶，书写评定等级为5级（非常整洁）。 | 1~2张皱褶页，书写评定等级为4级。 | 3~4张皱褶页，书写评定等级为3级。 | 多于4张皱褶页，书写评定等级为1~2级。 | |
| | | | | 总　分 | |

## 练习13

### 解决问题工作表

| |
|---|
| 问题是什么？<br>学生参与课堂活动不均衡，并不是所有同学都经常参与课堂活动。 |
| 为了解决问题，我可以做什么？<br>1. 与老师谈谈，并请求他进行干预。<br>2. 向小组成员提出问题，并建议小组将项目拆分成分计划，由不同的组员完成不同计划。<br>3. 使用以"我"开头的一些信息，并且要求小组讨论可能的解决办法，例如，我感觉很有压力，因为我们小组似乎很不正常，有人做的工作多，有人做的少，这似乎有些不公平。 |
| 首先我要尝试那种办法？<br>使用"我"开头的信息，并且要求小组集体讨论解决方法。 |
| 如果这种方法行不通，我应该怎么做？<br>提出我的解决方法，并要求小组讨论反馈。 |
| 事情如何发展？我的解决方法是否有效？ |
| 下次我应该怎么做，做出哪些改变？ |

### 练习14A

在老师的帮助下，学生会创建一个日终检查表，老师在必要的时候口头提醒学生使用检查表。

### 练习14B

在老师的帮助下，学生会估量他完成作业所需的时间，并且将制订作业完成计划，将作业合理地分成几个组块来完成。

**练习14C**

学生在考试交卷之前会检查答案，并在检查过的答案之后加上标记，如果试卷交上来之后老师发现没有检查标记，老师将要求学生重新检查。

**练习15A**

一级指导：任课老师指导学生如何复习考试，并要求学生在考试之前制订学习计划。

二级指导：在小组指导中，老师在考试技巧和制订学习计划方面给学生直接指导。

三级指导：单独指导，老师和学生一起评价学习策略，并对这些策略的使用进行监督。

**练习15B**

一级指导：在每节课的最后，老师给学生5分钟时间，让学生确定他们已经记下了所有作业并且要将所有需要的资料放进背包里；将班里的学生分组，每两人一组，让两个同学互相检查。

二级指导：每天放学前进行小组指导，老师监督检查作业本，确定他们带齐了完成作业所需的资料。

三级指导：单独指导，制定一份检查表，学生使用检查表检查一下他们是否带齐了完成作业所需的资料。

附 录

# 附 录
## 可反复使用的学习材料
Appendices: Reproducible Materials

本书的前文中提到过附录中的材料，有些还在多个章节不止一次提到过。我们认为如果将这些材料按照内容和功能分组，对读者来说更容易理解并使用，而不应该简单地按照前文提到的顺序进行排序。

下面描述的每一部分都包含讲义、表格和页码。

## 背景材料

这一部分材料包括表格和等级量表，在指导开始之前，这些材料被用来收集学生信息。

### 附录1　认识自我

这两页的调查表是用来收集被指导学生的信息，学生们要确认他们喜爱的业余活动、才能、个人优势、掌握的知识、擅长的技能以及他们喜欢的学习风格。

### 附录2　执行力半结构式访谈——学生版

这个采访格式的问卷调查表通过对学校和课余活动进行调查，得出一些关于学生执行力优势和不足方面的信息。

**附录3　执行力问卷调查表——成人版**

老师可以使用这份表格进行自我评估，确定自身执行力的优势和不足。这份问卷可以帮助老师发现他们在指导过程中可能会遇到的潜在的问题，并且备好更丰富的知识和更深刻的见解来应对这些问题，在指导过程中老师可以与学生分享这些知识和见解。

**附录4　执行力问卷调查表——学生版**

学生可以用该表格快速进行自我评价，确定自身执行力的优势和不足。

## 指导表格

这部分中列举的表格用来辅助老师进行学业上的基础指导，第三章中概括了相关内容。这些表格都以模板和范例的形式出现，老师可以对这些表格稍加修改，用来适应他们在指导过程中的特殊需要。

**附录5　长期目标设定表**

在指导过程的第一阶段老师与学生的面谈中，老师可以以这份表格为基础，帮助学生确定他们想要为之努力的长期目标，也可以设定一些能帮助他们完成长期目标的一些近期目标，对于年龄较小的学生，老师可以缩短或者绕过这一讨论过程。

**附录6　测试周期目标设定表**

老师发现，比起制定长期目标，测试周期目标更有帮助，这份表格就是为制定长期目标而备。

**附录7　日常指导表**

这份表格是日常指导课的组成部分，这份表格设计的目的就是帮助学生了解他们必须要完成的任务、为他们的任务制订计划并评价他们的任务执行情况，表格上也预留了些空间用来记录长期测试周期任务进展或其他一些必须记住的偶发事件。

### 附录8 （逐渐退出）指导计划表

老师和学生可以使用这份表格制订计划逐渐退出指导过程，老师可以和学生一起决定这个退出过程的各个步骤，包括频次和联系方式。

### 附录9 日常作业计划表

这份表格是日常指导表的替代，这份表格更具体着重于日常作业计划的制定，特别适合用于小组指导的形式。

### 附录10 儿童指导表格

这是日常指导表的修正版，专门用于小学生。小学生们使用这份表格确定并选择一个每日学习目标，并且与老师一起评价他们是否完成了这一天的任务。

## 教学常规表格

这部分包含了一些教学常规表格，老师可以将这些表格用于日常指导过程中，从而帮助学生习得某种学习技能。

附录11　如何写文章

附录12　如何计划和完成长期项目

附录13　如何复习考试

附录14　如何使笔记本/家庭作业条理有序

附录15　如何做笔记

附录16　学习解决问题

## 进度监督表

除目标设定之外，指导过程中的一个关键因素就是测定目标的达成情况，这部分附录中包含的空白表格是对第四章中陈述的多种进度控制技巧和范例的补充。

附录17　目标达成情况等级表

附录18　评价量表

附录19　介入反应模式（RTI）进度监督表

## 指导协调人表格

这份表格用来促进一个指导训练计划的确立，指导协调人可以使用这些表格招募并培训老师（学生或成年人均可）对学生进行指导。

### 附录20　指导工作说明

指导监察人可以使用这份资料招募潜在的指导老师，这份说明描述了指导老师需具备的先决条件、培训和经验，也列举了相关的工作职责。

### 附录21　家长许可信

这是一份许可信样本，指导监察人可以用这种许可信获得家长对指导学生的许可。

### 附录22　指导协调人总览表

指导检查人可以使用这份表格跟踪了解每一个被指导学生的关键信息。

### 附录23　指导协调人每周检查表

指导监察人可以使用这份表格监督学生在指导课上的出席情况，并了解学生的目标达成情况。

### 附录24　指导反馈表

在指导期间或指导结束后，老师和学生可以使用这些表格评价他们的指导过程。

## 班级同侪指导表格

这部分的表格被用于课堂同侪指导过程，学生和教练使用这些自我监督表进行日常评价，评估学生与学习的技能有关的任务执行情况。这部分附录中还提供了一份空白表格，教练或任课教师可以将这份表格用于检查一些未在本章中提到的技能。最后，这里还有一份课堂记录单，任课老师可以使用这份记录单记录整个班级的学习进展。

附录25　数学学习目标计分表

附录26　独立工作时间计分表

附录27　上午指导行为记录表

附录28　日终常规记录表

附录29　空白记录表

附录30　班级小组和教练花名册

## 社会技能发展同侪表格

这部分中的表格被用于发展社会技能的同侪指导训练，这些表格包括教练和学生的指导说明、家长的许可信、日常目标设定表格和其他的记录表。

附录31　同侪教练的互助指导步骤

这份表格确定了同侪指导的具体步骤，可以把这份表格放在学生桌子上，提醒学生遵照执行。

附录32　学生的日常指导步骤

这份表格确定了重点指导的学生的指导步骤，可以把这份表格放在学生桌子上，提醒学生遵照执行。

附录33　每日目标记录表

同侪教练和被指导学生每天共同完成这个目标，目标表格完成之后应该被放入同侪指导文件夹中。

附录34　奖励清单

同侪教练和被指导学生在指导期间可以一起决定每周任务完成后学生

可以得到的奖励。

### 附录35　每周目标记录表

这份表格可以用来记录学生每天和每周得到的分数。

### 附录36　给特定学生家长的信

每周周末将这封信寄给家长，以便家长能够及时了解孩子本周的目标完成情况。

### 附录37　给同侪教练家长的信

每周周末将这封信寄给同侪教练的家长，以便该家长能及时了解他的孩子本周帮助特定学生完成目标的情况。

### 附录38　指导效果总问卷

这份表格由指导监督人完成，用以确定学生们执行了同侪指导的相关项目。

## 附录1　认识自我

姓名：_____　　日期：_____

1. 你如何度过业余时间，从下列选项中选出三项，并打√。

☐与家人一起　☐TV/DVD　　☐读书　　　☐看电影/跳舞
☐兼职工作　　☐和朋友一起　☐一个人待着　☐运动
☐上网　　　　☐电脑游戏　　☐户外运动　　☐睡觉
☐写作　　　　☐听音乐　　　☐做志愿者　　☐做手工
☐演奏乐器　　☐课外活动　　☐轻型摩托车/四轮摩托
☐其他 _____

2. 你具有哪些特长？从下列选项中勾选，并举例说明。

☐运动 _____　　☐艺术 _____

☐音乐 _____　　☐写作 _____

☐沟通能力 _____　　☐领导才能 _____

☐表演才能 _____　　☐科技 _____

☐机械技能 _____　　☐自然科学 _____

☐烹饪/缝纫 _____　　☐人际交往能力 _____

☐其他 _____

3. 你认为你具有哪些优良的品质，从下列选项中勾选出五项。

☐领导力　　☐耐心　　　☐创造力　　☐幽默感
☐独立性　　☐有同情心　☐工作努力　☐忠诚

☐富于想象力　　☐可靠　　　☐果断　　　　☐乐观

☐自控力强　　　☐有应对策略　☐解决问题能力强

☐坚持不懈　　　☐有抱负　　　☐诚实　　　　☐组织力强

☐有勇气　　　　☐好竞争　　　☐性格外向　　☐善于与人相处

☐其他 _____

4. 你想要学习哪方面的知识或技能？列举出你感兴趣的话题，即使是你在学校没有学过的也可以，例如，滑板运动、电子游戏、体育统计学、竞技啦啦队、骑马。

5. 在哪种情况下你学习效率最高？勾选相应选项。

　　a. 团队大小

　　☐自己一人　　　　　☐小团队（2~4人）

　　☐中型团队（5~7人）　☐全班

　　b. 学习方式

　　☐视觉型学习　　　　☐在实践中学习

　　☐听觉型　　　　　　☐熟记

　　☐讨论型　　　　　　☐活动式/体验式学习

　　☐学徒式学习　　　　☐记笔记

　　☐阅读式　　　　　　☐思考型

　　☐其他 _____

c. 你最喜欢的学习环境是：

☐图书馆　　　　　　　☐学校自习室

☐卧室　　　　　　　　☐家里其他房间

☐与朋友一起　　　　　☐公共场所（如咖啡厅）

☐资源教室　　　　　　☐其他 _____

6. 你最喜欢的课堂活动是什么？从下列选项中勾选。

☐演讲　　　　☐讨论　　　　☐项目

☐辩论　　　　☐小组游戏　　☐展示

☐阅读　　　　☐创意写作　　☐学习单

☐做实验　　　☐合作性学习　☐头脑风暴法

☐户外活动　　☐郊游　　　　☐学会后教别人

☐角色扮演　　☐模拟实战　　☐考试

☐自我导向学习 ☐个人研究　　☐做作业

☐看电影/光碟　☐在计算机上学习 ☐教师主导式学习

☐混日子　　　☐做白日梦　　☐与朋友聊天

☐其他：_____

# 附录2　执行力半结构化访谈

姓名：_____　　日期：_____

　　这里提问的一些问题都是跟你的学业成功有关的。在下列条件下要想取得成功，你必须要使用计划和组织技能。这里提问的问题中有些是与学校相关的，而其他的问题涉及到课外活动、你参与过的工作条件和你如何度过课余时间。（注：以下表格中的英文字母的含义如下：TI：任务启动；WM：工作记忆；O：组织条理性；GDP：目标导向的持久性；RI：反应抑制；SA：持续性注意力；P：计划；F：灵活性；EC：情绪控制。）

**家庭作业** 我要提问你一些关于家庭作业的问题，那些很多孩子在完成作业时都会遇到的问题。如果你也存在这些问题的话，请告诉我，并给我举例说明你对这些问题的看法。

| 事　项 | 不是问题 | 说　明 |
|---|---|---|
| 开始写作业。(TI)<br>相关提问：完成作业的困难是什么？做作业的最好时间是什么时候？哪些科目比起其他科目来更难开始？ | | |
| 坚持到底直到作业完成。(SA)<br>相关提问：哪些科目比其他科目作业更难以完成？你对自己说什么话会让你放弃完成作业或坚持到底？作业量会对你完成作业有影响吗？ | | |
| 记住作业。(WM)<br>相关提问：你在记下要完成的作业、记住带回家必须的学习资料或按时上交作业方面有困难吗？你是否会丢失一些完成任务的必须的材料？ | | |
| 做作业时精力不集中。(SA)<br>相关提问：哪些事情会让你分心？有没有那种学习的地方可以让你心无旁骛，尽可能少地受到干扰？当你遇到一些让你分心的事情的时候，你如何处理？ | | |
| 宁愿做其他事情。(P, GDP)<br>相关提问：有没有哪种事情让你很不愿意离开它去做作业？你喜欢写作业吗？你觉得作业太多吗？你认不认为在你的生活中有很多其他的事情比做作业重要得多。 | | |

**长期项目** 现在我们来聊聊长期作业，下列项目中哪些对你来说是困难的？

| 事　项 | 不是问题 | 说　明 |
| --- | --- | --- |
| 选题（M） | | |
| 将作业分成一些小的任务。（P） | | |
| 制定时间表。（P） | | |
| 坚持时间表。（TM） | | |
| 估计作业完成时间。（TM） | | |
| 遵照指令执行。例如：你有没有忘记做部分作业而因此失分呢？（WM，M） | | |
| 检查完成的作业，确定你已经按规定完成，没有犯什么错误。（M） | | |
| 在规定日期之前完成作业。（GDP） | | |

**学生应对考试** 下列表格中列举了一些学生在复习考试时可能存在的问题，你存在哪些问题呢？

| 事　项 | 不是问题 | 说　明 |
| --- | --- | --- |
| 让自己坐下来开始学习。（TI） | | |
| 知道学什么。（M） | | |
| 知道怎样学。（M） | | |
| 推迟学习或根本不学习。（TM） | | |
| 休息时间频率太高或休息时间太长。（SA） | | |
| 还没有充分复习之前就放弃。（GDP） | | |
| 背诵复习材料。（WM） | | |
| 理解复习材料。（M） | | |

**家务/家庭责任** 你定期地或不定期地要做哪些家务?

| 家务事 | 定期做（什么时间?） | 偶尔做 |
|---|---|---|
| 1. | | |
| 2. | | |
| 3. | | |
| 4. | | |
| 5. | | |

在做家务活时,你存在哪些困难?

| 事 项 | 不是问题 | 说 明 |
|---|---|---|
| 记得做什么。(WM) | | |
| 在该做的时间去做。(TI) | | |
| 还没开始做就失去动力了。(SA) | | |
| 工作做得马虎,并且因为马虎惹麻烦。(M) | | |

**组织技能** 现在我要提问一些问题看一下你的组织条理性,告诉我在下列事项中你存在哪些问题。

| 事 项 | 不是问题 | 说 明 |
|---|---|---|
| 保持卧室干净整洁。(O) | | |
| 保持笔记本有条理。(O) | | |
| 保持你的背包条理有序。(O) | | |
| 保持你的课桌干净整洁。(O) | | |
| 保持你的橱柜干净整洁。(O) | | |
| 在房间里乱放东西。(O) | | |
| 把你的东西落在其他地方,如学校、朋友家、办公地点等。(O) | | |
| 丢失或乱放东西。(O) | | |

**管理情绪** 有时候情绪会影响你在学校的良好表现，也会影响你跟别人的相处，告诉我你是否存在下列问题：

| 事 项 | 不是问题 | 说 明 |
|---|---|---|
| 发脾气。（EC） | | |
| 在一些条件下会紧张，例如，考试时，在课堂上发言时，与不熟悉的同龄人或成年人相处时。（EC） | | |
| 很容易就产生挫败感，例如，当你不理解作业的时候，当你的家长让你心烦的时候。（EC） | | |
| 不假思索地说话或做事，但很快又会后悔。（RI） | | |
| 遇到一些困难或让人心烦的任务时，很快就会放弃。（RI） | | |
| 当计划有所改变或例程被中断时，很难调整适应新的情况。（F） | | |
| 完成开放式任务有困难，例如写作这种没有固定答案的作业。（F） | | |

**工作/业余时间** 让我们来谈谈你不在学校的时候如何度过业余时间。你参加哪些课外活动呢？你有兼职工作吗？你如何度过你的业余时间呢？

| 活 动 | 时间量（每天/每周大约多长） |
|---|---|
| 1. | |
| 2. | |
| 3. | |
| 4. | |
| 5. | |
| 6. | |
| 7. | |

下面列举了学生们在他们的业余时间时可能会存在的问题,你存在哪些问题呢?

| 事　项 | 不是问题 | 说　明 |
|---|---|---|
| 在一项工作上花费的时间太长。(TM) | | |
| 浪费时间,例如,闲逛、玩电子游戏、打电话聊天、上Facebook、看很长时间电视。(TM) | | |
| 与那些惹麻烦的孩子出去玩。(RI) | | |
| 睡眠不足。(RI) | | |
| 有钱了立刻花掉。(RI) | | |

**长期目标**　你知道你高中毕业之后想做什么吗?

| 可能的目标 |
|---|
| 1. |
| 2. |
| 3. |
| 4. |

为达到目标,你有没有制订计划?如果制订了,那么计划是什么?

有哪些潜在的困难可能会阻止你达成目标？

| 潜在的困难 | 克服困难的方法 |
| --- | --- |
| 1. | |
| 2. | |
| 3. | |
| 4. | |
| 5. | |

如果你还没有确定目标，或者没有为目标制订相应的计划，你什么时候会做呢？

## 附录3  执行力调查问卷——成人版

姓名：_____    日期：_____

阅读下列每一项，并评价该选项对你描述的相似程度。运用下面的评价等级选择正确的分数，并将每一项所得分数相加，运用最后的一页的答案确定你的执行力的优势（2~3项最高分）和不足（2~3项最低分）。

> 1. 非常不同意    5. 有点同意
> 2. 不同意        6. 同意
> 3. 有点不同意    7. 非常同意
> 4. 中立

事项                                                    分数
1. 我不会过早下结论。                                   _____
2. 我讲话之前会先思考。                                 _____
3. 我没考虑周全之前不会采取行动。                       _____

               总分数：_____

4. 我对事实、日期和细节都记得很清楚。                   _____
5. 我总是能记得我自己承诺过的事情。                     _____
6. 我完成任务很少需要人提醒。                           _____

               总分数：_____

7. 在我工作时很少会受情绪影响。                         _____
8. 很少有事情会从情感上影响到我或者让我从手头的工作上分心。 _____
9. 我不会让个人感情影响到任务的完成。                   _____

               总分数：_____

| 事项 | 分数 |

10. 无论是什么任务，我都认为越早开始越好。 _____
11. 我不存在拖延症的问题。 _____
12. 我很少会把任务留到最后一分钟。 _____

总分数：_____

13. 我很容易就可以专注于工作。 _____
14. 一旦开始工作，我就会非常努力地工作直到将之完成。 _____
15. 即使被中断，我也可以很快的回到工作中并尽快完成手头的工作。 _____

总分数：_____

16. 我每天做当日计划时，会列出优先项，并先完成这些任务。 _____
17. 当我有很多工作要做的时候，可以很容易地确定出最重要的任务。 _____
18. 我总是会把大的任务分解成小任务，并制定时间表。 _____

总分数：_____

19. 我是一个非常有条理的人。 _____
20. 使我的工作区域干净整洁、有条理，这对我来说很自然。 _____
21. 我很擅长系统性地组织我的工作。 _____

总分数：_____

22. 每天日终，我都能完成这一天制订的计划。 _____
23. 我很善于估计一项任务所需的完成时间。 _____
24. 我一般都会准时赴约或参加活动。 _____

总分数：_____

25. 我可以非常镇定地处理一些突发事件。 _____
26. 我可以很容易地调整自己适应计划的改变。 _____
27. 我认为我对于一些改变可以灵活应对，并且适应性较强。 _____

总分数：_____

28. 我经常会评估自己的表现，并且想出一些方法提高自己。 _____
29. 为了做出一些客观的决定，我经常会退一步看问题。 _____
30. 我可以很好地"解读"情景，并且根据其他人的反应调整自己的行为。 _____

总分数：_____

| 事项 | 分数 |
|---|---|
| 31. 我总是会以目标为导向进行工作。 | _____ |
| 32. 为了完成长期目标,我可以很轻易放弃眼前的一时痛快。 | _____ |
| 33. 我坚信应该制定并达成高水平的目标和表现。 | _____ |
| | **总分数:** _____ |
| 34. 我喜欢在高要求的、快节奏的环境中工作。 | _____ |
| 35. 一定量的压力可以让我保持最好工作状态。 | _____ |
| 36. 具有一定程度的不可预测性的工作很吸引我。 | _____ |
| | **总分数:** _____ |

**答案**

| 项目 | 执行力 | 项目 | 执行力 |
|---|---|---|---|
| 1~3 | 反应抑制 | 4~6 | 工作记忆 |
| 7~9 | 情绪控制 | 10~12 | 任务启动 |
| 13~15 | 持续性注意力 | 16~18 | 计划/优先次序 |
| 19~21 | 组织条理性 | 22~24 | 时间管理 |
| 25~27 | 灵活性 | 28~30 | 元认知 |
| 31~33 | 目标导向的持久性 | 34~36 | 抗逆性 |

最优势技能                                              最弱势技能

_____          _____

_____          _____

_____          _____

_____          _____

# 附录4　执行力调查问卷——学生版

姓名：_____　日期：_____

| 大问题 | 1 |
|---|---|
| 中等问题 | 2 |
| 轻微问题 | 3 |
| 小问题 | 4 |
| 不是问题 | 5 |

事项　　　　　　　　　　　　　　　　　　　　　　　　　　　分数
1. 我意气用事。　　　　　　　　　　　　　　　　　　　　　_____
2. 我上课经常讲话。　　　　　　　　　　　　　　　　　　　_____
3. 我说话之前不加考虑。　　　　　　　　　　　　　　　　　_____

　　　　　　　　　　　　　　　　　　　　　　　总分数：_____

4. 我经常说"一会儿就做"，但是转头就忘。　　　　　　　　_____
5. 我忘记作业是什么或者是忘记带回家完成作业必需的资料。_____
6. 我经常会丢东西或把东西乱放，如衣服、笔记本、运动器材等。_____

　　　　　　　　　　　　　　　　　　　　　　　总分数：_____

7. 作业太难或者需要很长时间才能完成时，我就感到很烦。　_____
8. 我脾气暴躁，并且很容易变得沮丧。　　　　　　　　　　_____
9. 当事情不按计划般进行时，我就很容易难过。　　　　　　_____

　　　　　　　　　　　　　　　　　　　　　　　总分数：_____

10. 我很难集中注意力，很容易分心。　　　　　　　　　　　_____
11. 作业还没完成，我就泄气了，不想做了。　　　　　　　　_____
12. 我很难坚持把家务活做完。　　　　　　　　　　　　　　_____

　　　　　　　　　　　　　　　　　　　　　　　总分数：_____

| 事项 | 分数 |
|---|---|
| 13. 我经常会把作业和家务活拖延到不得不做的时候。 | _____ |
| 14. 把娱乐活动放一边，开始写作业，这对我来说很困难。 | _____ |
| 15. 我需要被提醒很多次才会开始做家务。 | _____ |

总分数：_____

16. 我不会为大的任务做计划（先做什么，再做什么）。 _____
17. 当我有很多事情要做的时候，我不知道该先做哪件。 _____
18. 遇到长期项目或者大的任务，我就会不知所措。 _____

总分数：_____

19. 我的背包和笔记本都乱七八糟。 _____
20. 我的书桌和我在家的工作区都很乱。 _____
21. 我很难保持卧室干净整洁。 _____

总分数：_____

22. 我感到估计一个任务所需的时间很费劲（如家庭作业）。 _____
23. 我经常晚上不写作业，然后第二天在学校上课之前匆匆忙忙地写完。 _____
24. 我在做准备时总是动作缓慢，如上学、赴约。 _____

总分数：_____

25. 如果一件事情的第一解决方案无效，我很难再想出第二个。 _____
26. 我很难应付计划上或常规上的一些改变。 _____
27. 我在完成一些开放式的作业上存在问题，如我不知道在创造性写作作业中该写什么内容。 _____

总分数：_____

**仅针对高中学生**

28. 我没有有效的学习策略。 _____
29. 作业完成后我不检查错误，甚至是犯错可能性很大的情况下，也不检查。 _____
30. 我不会评价自己的行为，也不会改变策略以便能有更大的成功。 _____

总分数：_____

31. 为了一个很向往的物品，我似乎也攒不下钱。 _____
32. 我没有看出考试取得高分对达成长期目标的价值。 _____
33. 如果我正在学习时发生了些有趣的事情，就很难继续学习。 _____

总分数：_____

## 答案

| 项目 | 执行力 | 项目 | 执行力 |
|---|---|---|---|
| 1~3 | 反应抑制 | 4~6 | 工作记忆 |
| 7~9 | 情绪控制 | 10~12 | 任务启动 |
| 13~15 | 持续性注意力 | 16~18 | 计划/优先次序 |
| 19~21 | 组织条理性 | 22~24 | 时间管理 |
| 25~27 | 灵活性 | 28~30 | 元认知 |
| 31~33 | 目标导向的持久性 | | |

你的最具优势技能

_____

_____

_____

_____

你的最弱势技能

_____

_____

_____

_____

# 附录5　长期目标设定表

## 为今天的计划和明天的目标创建联系

**长期目标**　高中之后的生活。你高中毕业之后想要过什么样的生活？你打算上大学吗？上什么样的大学？你打算工作吗？做什么样的工作？为你高中之后的生活创造一幅美景，如果你觉得这个问题很难回答的话，那么就回答这个问题："你高中毕业后，最想做的一件事情是什么？"

现在确定一个目标，并在上表中标记出来，现在确定一下，为了达到这个目标，你都需要做什么？

影响你目标达成的潜在的障碍是什么？该如何克服或避免这些障碍？

| 潜在的障碍 | 克服障碍的方法 |
|---|---|
| 1. | |
| 2. | |
| 3. | |
| 4. | |
| 5. | |

**近期目标**　考虑一下，为了达成你的长期目标，你应该从哪些行为开始。你会从哪项开始，在下列表格中勾选。

| 可能的近期目标 | 我想从这项目标开始 |
|---|---|
| 提高课堂出勤率 | |
| 改善作业完成情况 | |
| 增加按时上交作业次数 | |
| 提高家庭作业分数 | |
| 提高考试或测验分数 | |
| 多参与课堂活动 | |
| 减少违反纪律次数 | |

以上面提到的一个或多个目标为例,或以其他一些你想到的目标为例,执行下列步骤:(1)评价你当前的行为;(2)创建目标;(3)确定你想在哪堂课上或哪种背景下应用你的目标;(4)确定成功的标准;(5)确定在你决定退出指导或选择一个新的目标之前,你需要多少个星期来达到标准,你的指导老师可以给你举例并帮你完成。

注:你可以将最后一栏延迟到指导课程开始进行几周之后再完成。

| 当前表现 | 近期目标 | 在什么课上应用 | 达成目标的策略 | 成功标准 | 在退出指导或新目标开始之前达到标准所需时间 |
|---|---|---|---|---|---|
| | | | | | |
| | | | | | |
| | | | | | |

为了实现目标,你需要从其他人那里得到支持或帮助吗?这可能包括:指导老师进行指导,其他人如家长、朋友或老师给以提醒,放学后待在学校接受额外的指导或参加一个学习技能培训班。

| |
|---|
| 1. |
| 2. |
| 3. |
| 4. |
| 5. |

现在你已经确定了目标,也制订了计划,你认为你的目标和计划是切合实际的吗?

_____ 是的

_____ 不是

如果答案是不,那么该如何修订计划,让计划更符合实际呢?

# 附录6　周期目标设定表

姓名：_____　日期：_____

---

**学科：**_____

当前分数（如适用）：　　　　　理想分数：


如果你想在这门功课上取得理想分数，你应该做什么？

1.　　　　　　　　　　　　　　3.


2.　　　　　　　　　　　　　　4.

---

**课程：**_____

当前分数（如适用）：　　　　　理想分数：


如果你想在这门功课上取得理想分数，你应该做什么？

1.　　　　　　　　　　　　　　3.


2.　　　　　　　　　　　　　　4.

**课程**：＿＿＿＿＿＿＿＿＿＿＿＿＿＿＿＿＿＿＿＿＿＿＿＿＿＿

当前分数（如适用）： 　　　　　理想分数：

如果你想在这门功课上取得理想分数，你应该做什么？

1. 　　　　　　　　　　　　3.

2. 　　　　　　　　　　　　4.

**课程**：＿＿＿＿＿＿＿＿＿＿＿＿＿＿＿＿＿＿＿＿＿＿＿＿＿＿

当前分数（如适用）： 　　　　　理想分数：

如果你想在这门功课上取得理想分数，你应该做什么？

1. 　　　　　　　　　　　　3.

2. 　　　　　　　　　　　　4.

**总结**：为了达成我的周期目标，我需要做这些事情：

1.

2.

3.

4.

## 附录7  日常指导表

姓名：_____ 日期：_____

长期目标：_____

整体规划：_____

即将进行的考试/测验：_____

| 课程 | 长期作业 | 作业上交日期 | 任务 | 其他任务 | 日期 |
|---|---|---|---|---|---|
| 日期： | 作业： |  |  |  |  |

**今天的计划（包括家庭作业、为长期项目所做的工作、考试复习）：**

| 你打算做什么？ | 你打算什么时间做？ | 回顾： | 你做了吗？ | 你做的怎么样？ * |
|---|---|---|---|---|
| 1. |  |  | 是  否 | 1  2  3  4  5 |
| 2. |  |  | 是  否 | 1  2  3  4  5 |
| 3. |  |  | 是  否 | 1  2  3  4  5 |
| 4. |  |  | 是  否 | 1  2  3  4  5 |
| 5. |  |  | 是  否 | 1  2  3  4  5 |
| 6. |  |  |  |  |

以此等级来评估：1—非常差；2—勉强过得去；3—一般水平；4—好；5—非常好。

**我需要记住的事情（勾选出被关注的项目）** 其他说明：

1.
2.
3.
4.
5.

## 附录8 （逐渐退出）指导计划表

| 指导步骤 | 指导课频率 | | 联系方式 |
|---|---|---|---|
| 1 | ____ 每天<br>____ 每周两次<br>____ 两周一次 | ____ 每隔一天<br>____ 每周一次<br>____ 每月一次 | ____ 面对面交流<br>____ 打电话<br>____ 电子手段（具体说明）： |
| 2 | ____ 每天<br>____ 每周两次<br>____ 两周一次 | ____ 每隔一天<br>____ 每周一次<br>____ 每月一次 | ____ 面对面交流<br>____ 打电话<br>____ 电子手段（具体说明）： |
| 3 | ____ 每天<br>____ 每周两次<br>____ 两周一次 | ____ 每隔一天<br>____ 每周一次<br>____ 每月一次 | ____ 面对面交流<br>____ 打电话<br>____ 电子手段（具体说明）： |
| 4 | ____ 每天<br>____ 每周两次<br>____ 两周一次 | ____ 每隔一天<br>____ 每周一次<br>____ 每月一次 | ____ 面对面交流<br>____ 打电话<br>____ 电子手段（具体说明）： |
| 5 | ____ 每天<br>____ 每周两次<br>____ 两周一次 | ____ 每隔一天<br>____ 每周一次<br>____ 每月一次 | ____ 面对面交流<br>____ 打电话<br>____ 电子手段（具体说明）： |
| 6 | ____ 每天<br>____ 每周两次<br>____ 两周一次 | ____ 每隔一天<br>____ 每周一次<br>____ 每月一次 | ____ 面对面交流<br>____ 打电话<br>____ 电子手段（具体说明）： |

## 附录9　日常作业计划表

姓名：_____　　日期：_____

| 科目/作业 | 我是否带齐了所有资料？ | 我是否需要帮助？ | 谁会帮助我？ | 帮助需要花费多长时间？ | 我什么时间开始写作业？ | 完成作业需要多长时间？ |
|---|---|---|---|---|---|---|
| | 是 □　否 □ | 是 □　否 □ | | | 开始时间：<br>停止时间： | |
| | 是 □　否 □ | 是 □　否 □ | | | 开始时间：<br>停止时间： | |
| | 是 □　否 □ | 是 □　否 □ | | | 开始时间：<br>停止时间： | |
| | 是 □　否 □ | 是 □　否 □ | | | 开始时间：<br>停止时间： | |
| | 是 □　否 □ | 是 □　否 □ | | | 开始时间：<br>停止时间： | |
| | 是 □　否 □ | 是 □　否 □ | | | 开始时间：<br>停止时间： | |

我是否执行了计划？　是 □　否 □　如果没有执行，原因是什么？

## 附录10 儿童指导表

姓名：_____  日期：_____

我的目标是：

1.

2.

3.

我今天要做的是：_____

_____

_____

我的评价等级

| 我做的怎么样?（圈出来） | 非常棒 | 很　好 | 还可以 | 不太好 | 非常差 |
|---|---|---|---|---|---|
|  | 5 | 4 | 3 | 2 | 1 |
| 老师评价 | 5 | 4 | 3 | 2 | 1 |

## 附录11　如何写文章

**涉及到的执行技能**　任务启动、持续的注意力、计划、组织能力、时间管理、元认知。

对执行力不足的孩子来说，写作文是他们的弱项，因为这是我们期待学生做的最复杂的任务，下列步骤可以帮助学生学习如何写好作文。

**1. 头脑风暴主题**。如果学生要开始写一个新的话题，首先应该开始发散思维，这种方法又成为头脑风暴。头脑风暴的规则就是在开始阶段接受所有的想法，并把这些想法记下来，越丰富越好，越疯狂越好，因为好的、有用的想法都是从这些丰富的、疯狂的想法中产生的。在这个阶段，老师不应该批评任何想法。如果学生难以得出自己的想法，老师或助教可以提出一些想法帮助学生将这个过程顺利进行下去。我们建议大人与学生一起将所有的想法写下来，因为执行力比较弱的学生通常写作能力比较差，无法完成写作任务。当一定数量的想法产生之后，让学生阅读一下这些主意，并圈选出最有希望的一个，经过这个过程之后，学生可能立刻就会意识到他们想写哪方面的内容。如果选不出最适合的主意的话，老师可以与学生一起谈论一下每种想法的利弊，帮助学生更容易的做出一个好的选择。

**2. 头脑风暴内容**。选择完主题之后，头脑风暴的过程又重新开始。这时老师询问学生："告诉我关于这个话题你知道的和你想知道的所有内容。"学生们再一次被要求写下所有想法和问题：在这个阶段，想法越疯狂越好。

**3. 组织内容**。现在回顾一下写下的所有的想法或问题，老师可以和学生一起决定这些材料是否可以以某种方法组织到一起。例如，如果学生的作业是要写一份关于土豚的报告，那么可以将所有的信息分成几大类——它们看起来是什么样子的，它们住在哪里，它们吃什么食物，它们的天敌是什么动物，以及它们如何保护自己。创建主题标题，并且在主题标题下写出相应的细节，在这个过程中便利贴是非常有用的。在头脑风暴阶段，将每一个想法和问题都记在一张单独的便利贴上，然后可以将这些便利贴组织在不同的主题标题之下，形成文章的大纲，根据这个大纲，学生就可以写出文章。

**4. 写开头段**。这往往是最难写的一部分。究其本质，开头段需要非常简洁的介绍整篇文章要写什么。例如，在一篇关于土豚的报告的开头段你可能读到的："本文是关于一个奇怪的叫作土豚的动物。当你读完这份报告，你会知道土豚长什么样，住哪里，吃什么，它们的敌人是谁以及他们如何保护自己。"开头段的写作重点就是"抓住读者"——给读者一个有趣的信息点来勾起它们的好奇心。例如，在开头段的结尾处，可以加上这样的两个或更多的句子：读者也将学到"土豚"这个词的含义以及它来自哪种语言。如果这个还没有引起你的兴趣，我也会告诉你为什么土豚有一个黏黏的舌头——尽管你可能不想知道！

写作有问题的孩子们在自己写开头段的时候可能需要帮助，可以通过询问一般性问题来给予帮助，例如，"你想在读者读完你的文章之后学到或者知道什么？"或者，"为什么你认为人们可能有兴趣读这篇文章？"如果他们需要比这个更多的帮助，可能需要从一个模型入手，举个例子，在学生正在写的某个话题的开头段或者关于食蚁兽段落时，老师可以提供一些帮助。如果学生需要更多的指导帮助来写这个段落，则进一步提供帮助，然后再看他或她是否可以自己继续写而不再需要帮助。

**5. 写文章的其余部分**。为了给学生更好的引导，建议将剩余的文章分成几部分，每一部分都带有一个标题。帮助学生列出所有标题，然后看学生是否能独自完成剩余的写作任务。如果他们不能，则继续帮助学生直到他们写完整篇文章。在每一段的开头都应该写一个主题句或主旨句概括整段的主要内容。在文章中可以用一些连接词来贯穿上下文，如，和、因为、也、而不是、但是、因此；也可以用一些更复杂的连接词，如，尽管、此外、在另一方面、因而、结果是、最终、总之。在学习写作的早期阶段，写作方面有问题的学生需要大量的帮助。如果每次写作指导之后，针对学生的优秀表现，老师都能给学生一些赞扬，学生的写作技能应该会日臻成熟。对于上次写作作业中学生表现出的任何进步，老师都应该提出表扬，例如，我觉得你这次特别棒，不需要我的帮助自己就想出了标题。

**给写作有很大障碍的同学**：对于写作能力不足的学生，老师应该提供更多的写作模型、指导和支持；对于写作方面有困难的学生或者那些对于写作过程非常抵触的学生，我们建议学生执行如下步骤进行练习。

❏ 步骤1：每天花几分钟（如5分钟）练习写作。在这一步中，我们的目标就是让学生在纸上写字，对于很多学生来说，他们的写作练习都要从将自己的想法写到纸上这一步开始。如果有的学生自己难以组织出语言，那就教给他们一些组织语言和检索语言的技巧，例如环顾一下房间，写下你看到的所有的事情，或者给他们一些例子（如开、来），让他们以此为基础写出一些押韵的文字。数数每次写下的文字，并且画一个数据图，以此来鼓励他们每天都多写一些字。

❏ 步骤2：给学生一幅图画，并且让学生描述这幅图画，老师将这些描述写下来，运用图片激起学生的兴趣。

❏ 步骤3：给学生一幅图片，并且让他们自己写下一两个句子描述这幅图片。

- 步骤4：让学生自己画一幅画，并写几句话来描述这幅画，或者要求他们根据这幅画讲个故事。
- 步骤5：最后，给学生讲一个故事开头，要求他们接着往下写出这个故事，给他们5分钟时间，他们也可以选择一个故事开头或者自己编写一个。这种方法如果跟课程评价结合起来会更加有效，也就是说要保持这种时间框架的持续性，每次都数一下学生写下的文字字数，然后将结果绘制成图形。绘制图形的过程可以跟学生一起完成，也可以用一些小贴纸贴出这个图形，观看图形上显示出的上升线对学生来说是非常受鼓舞的，特别是对那些写作有问题的学生。

哈维和契科·沃尔夫在2007年出版了一部名为《培养独立学习能力：让学生走向成功的实用技巧》的书，这本书中有一张包含了很多有用的检查表和相关讲义，其中列举了各种类型的写作，用以提醒老师不要拘泥于传统的文章架构，采用多种多样的写作形式能够帮助激起那些具有写作障碍的学生的写作兴趣。

哈里斯、格拉汉姆、梅森和弗里德兰德在2008年出版了一部名为《所有学生可用的强大写作技巧》的书，这本书描述了自律模式的发展过程，并将之应用于写作训练。这本书提供了很多有效的课程计划和讲义，并且详述了多种写作类型的写作技巧，同时还以发展自律技能为目标讲述了一些一般写作的技巧。因此，这本书不仅教授学生写作技能，同时还帮助学生习得自律的策略（也就是执行力），例如，目标设置、自我监督、自我强化和自我引导。

## 五段文章的写作模板

| 介绍段: |
|---|
| 第一句 概括这篇文章主要关于: |
| 第二句 你想要阐述的主要观点: |
| 第三句 用细节或解释说明为什么这个观点很重要: |

| 正文部分 |
|---|
| 第一段,主题句: |
| 支撑细节1: |
| 支撑细节2: |
| 支撑细节3: |
| 第二段,主题句: |

| |
|---|
| 支撑细节1： |
| 支撑细节2： |
| 支撑细节3： |
| 第三段，主题句： |
| 支撑细节1： |
| 支撑细节2： |
| 支撑细节3： |

| |
|---|
| **总结段**<br>重新陈述你想表达的也是读者需要了解的最重要的观点。 |

# 附录12　如何计划并完成长期项目

**涉及到的执行技能**　任务启动、持续的注意力、计划、时间管理、元认知。长期项目比写作作业还要涉及到更多的高级执行技能。因此，学生一般都可以得益于老师的帮助，不仅仅只是应对这种作业，某种程度上这种帮助可以贯穿于他们的学校教育，至少到他们进入高中之前。

教授学生完成长期项目的步骤如下。

1. 老师与学生一起阅读作业的描述，并且确定学生确实了解了对他们的要求。如果允许学生自己选题的话，那么选题就是他们的第一个任务。很多孩子很难想出一些主题，然后老师需要进行头脑风暴，提供一些建议，从孩子们感兴趣的领域出发，给出一些主题供他们选择。

2. 使用"长期项目计划表"，记下所有可能使用的话题。一旦想出了四五个话题之后，要求学生说出他们对每个话题的评价。

3. 帮助学生做出最终选择，选题时不仅要考虑兴趣，还要考虑（1）题目不能太宽泛，也不能太窄；（2）查询相应参考文献和资料的困难程度；（3）这个话题是否有一个"意外的转折"可以让这个写作很有趣或者会很吸引老师的兴趣。

4. 使用"长期项目计划表"决定完成这个任务将需要哪些材料或资源、学生从哪里可以得到这些材料、完成时间（最后一项可以在进行完第五步之后再决定）。我们可以查询网络、图书馆甚至是旅行手册等来获得需要的资料，并且要合理安排指导中的一些相似项目，如，要面谈的人是谁、见面的相关地点（图书馆、历史古迹）。老师有时候需要陪同学生一起去查资料，例如去图书馆或一起上网，给学生演示一下如何查资料。如果学生的计划中包括视觉呈现的话，老师可以考虑带学生去看一些必要的建筑物或艺术品。

5. 使用"长期项目计划表"，将完成项目所需的所有步骤都列到表格中，然后根据计划制定相应的时间表，这样学生就可以根据时间表进行学习。在这个阶段，老师可以建议学生将所有的计划和安排以月为单位，写到一个日历上，这样做会取得很好的效果，学生可以将日历放到自己的文件夹中，可以更容易了解自己什么时间该做什么工作。

6. 协助学生执行时间表。在学生开始具体进行每一步之前，老师可以将每一步所做的具体工作列举下来，与学生先讨论一下完成这一步骤涉及到的具体内容。当一个步骤完成之后，我们可以开始讨论下一步，这样学生就可以清楚地了解下一步该做什么，并且比较容易开始进行下一步。

## 长期项目计划表

**步骤一：选题**

| 可选的题目有哪些？ | 我对这个题目的喜欢之处是： | 对这个题目<br>我不喜欢的方面是： |
| --- | --- | --- |
| 1. | | |
| 2. | | |
| 3. | | |
| 4. | | |
| 5. | | |

最终选题：

**步骤二：确定需要的材料**

| 你需要的材料或资源是什么？ | 从哪里可以得到？ | 什么时间可以得到？ |
| --- | --- | --- |
| 1. | | |
| 2. | | |
| 3. | | |
| 4. | | |
| 5. | | |

步骤三：确定项目任务和到期日

| 你需要做什么?（按顺序列举步骤） | 你将什么时间做? | 完成后打√ |
|---|---|---|
| 第一步： | | |
| 第二步： | | |
| 第三步： | | |
| 第四步： | | |
| 第五步： | | |
| 第六步： | | |
| 第七步： | | |
| 第八步： | | |
| 第九步： | | |
| 第十步： | | |

**提醒列表**　这里需要列出的是为了完成这个项目，你需要记住的其他的一些任务和细节，对每一项的完成情况进行评价，打√或×。

1. _____
2. _____
3. _____
4. _____
5. _____
6. _____
7. _____
8. _____
9. _____
10. _____

# 附录13　如何复习考试

1. 在日历上以月为单位记录即将来临的考试。

2. 在考试之前的五天到一周，与学生一起设计一个复习计划。

3. 要求学生阅读"学习策略表"，并从中选择他们想要用于复习考试的学习策略。要确定学生确实了解了他们选择的每种策略，必要的时候可以给学生进一步解释一下，例如，有的学生选择了使用学习闪视卡，那么就要具体问一下学生，闪视卡是什么样子的。对于学生的闪视卡，老师可以给出更多的设计意见。

4. 在考试的四天之前，要求学生制订复习计划。大量研究表明，在习得新的知识的时候，分散性练习比大量的集中性练习更有效，换句话说，如果一个学生计划花两个小时复习考试，那么他最好是将学习时间分割成几个小部分，例如，如果一个学生计划复习两小时的话，那么最好是将这两小时分散成每天半小时，连续学习四天。研究还表明，睡眠可以巩固学习，因此考试之前一定要睡好觉，这对学生是非常有益的，而不应该在考试的前一晚才进行恶补，耽误睡眠。

5. 如果有的学生在持续性注意力方面有问题，对他们来说使用多种学习策略会比较容易，每一种学习策略只使用很短的一段时间，这比起在整个学习阶段只使用一种学习策略来说会更有效。你可以建议学生使用厨房定时器，除非学生还想持续使用当前的这一种，当定时器铃声响了，学生就可以转用另外一种学习策略。

6. 考试完之后，要求学生完成测验后评价，这样做可以加强自我评价，以便下次考试时学生可以有所改善和提高。

## 学习策略列表

勾选出你使用的学习策略

| | | |
|---|---|---|
| ____ 1. 重读课文 | ____ 2. 重读/组织笔记 | ____ 3. 阅读/背诵主要知识点 |
| ____ 4. 概括课文 | ____ 5. 画出课文重点 | ____ 6. 画出笔记重点 |
| ____ 7. 使用学习指导 | ____ 8. 制作概念图 | ____ 9. 列清单/组织条理化 |
| ____ 10. 实践测试 | ____ 11. 自我测验 | ____ 12. 让别人测验我 |
| ____ 13. 学习闪视卡 | ____ 14. 熟记/排练 | ____ 15. 做一份备忘单 |
| ____ 16. 与朋友一起学习 | ____ 17. 与学习小组一起学习 | ____ 18. 参加老师的学习指导 |
| ____ 19. 与父母一起学习 | ____ 20. 请求帮助 | ____ 21. 其他： |

## 学习计划

| 日　期 | 天　数 | 我将使用哪些策略？ | 每种学习策略会被使用多长时间？ |
|---|---|---|---|
| | 考试前四天 | 1.<br>2.<br>3. | 1.<br>2.<br>3. |
| | 考试前三天 | 1.<br>2.<br>3. | 1.<br>2.<br>3. |
| | 考试前两天 | 1.<br>2.<br>3. | 1.<br>2.<br>3. |
| | 考试前一天 | 1.<br>2.<br>3. | 1.<br>2.<br>3. |

考试后评价：你的学习计划执行的如何？回答下列问题：

1. 哪种学习策略最有效？

2. 哪种学习策略不是那么有帮助？

3. 你花了足够的时间学习了吗？　是　否

4. 如果答案是否定的，有哪些事情是你应该做而未做的？

下次你会有哪些改进？

# 附录14　如何使笔记本/家庭作业条理有序

1. 根据从学生那里得到的信息决定在学生的组织体系中是否需要包含以下内容：存放未完成的家庭作业的地方？单独存放已完成的作业的地方？存放需要存档的作文的地方？记笔记所用的笔记本或文件夹？完成的作业、讲义和表格？相应任务所包括的检查表。

2. 当你列下了所有这些项目之后，就可以考虑怎样最好地处理这些项目，一次可解决一个。例如，你和学生可以决定采用彩色文件夹系统，将不同的学习资料分放至不同颜色的文件夹，如已完成作业、未完成作业和其他作文。你可以为每门课都备有一个单独三孔文件夹，或者你可以用一个大的文件夹将所有课程的资料都装起来。

3. 列举清单，记录学生所需的材料：一个三孔打孔器、格纸或无格纸、课程分隔器和小便利贴，学生可以用来标注一些重要的文档。

4. 如果其中的一些资料学生在学校里无法备齐，要求学生在校外购买。教练有必要发电子邮件通知学生的父母，确保学生能够得到这些相应的材料。

5. 准备好笔记本和文件夹，并且在每一本上都要清楚地进行标记。

6. 帮助学生长时间维持这个系统，老师可以每天检查学生的执行情况，如，让学生取出已完成学习任务文件夹、未完成任务文件夹、存档资料文件夹等，让学生决定每页资料该放到什么位置。

**建立笔记本/家庭作业管理系统**

| 系统元素 | 你会使用什么？ | 明白了<br>（√） |
|---|---|---|
| 未完成的家庭作业的放置地方 | | |
| 已完成作业的放置地方 | | |
| 供以后使用的材料的放置 | | |
| 每门课的笔记本或文件夹 | | |
| 你可能会需要的其他东西：<br>1.<br>2.<br>3.<br>4. | | |

**保持笔记本或家庭作业管理系统**

| 任　务 | 星期一 | 星期二 | 星期三 | 星期四 | 周　末 |
|---|---|---|---|---|---|
| 清理一些将要归档的文件夹。 | | | | | |
| 检查笔记本和书，看有没有散页，并将散页整理归档。 | | | | | |
| 将所有的完成的或未完成的作业放在恰当的位置。 | | | | | |

# 附录15　如何做笔记

**如何做笔记**

询问学生是否了解做笔记的重要性。如果学生回答这个问题有困难，可以告诉学生，做笔记不仅可以记录关于文章主题的一些重要内容，可以为考试提供复习资料，还可以帮助学生上课集中注意力，专注于课堂学习。

询问学生他们现在使用的记笔记的方法，并且评价这种方法的有效性。对学生解释只有在下列情况下，学生所进行的学习才是最有效的：（1）将需要展示的学习资料合理安排，学生能够掌握相关的信息；（2）学生可以抽出主要概念或主题思想，帮助自己更好的理解学到的知识，并且能够记住课上讲述的一些事实信息；（3）学生可以应用他们之前学过的知识，或者可以把学到的知识应用于个人经历中，将学到的新知识运用到一些场景中，学生们对学到知识的情感联系越强，他们越能够更好地理解并掌握所学到的知识。

如果学生当前所用的记笔记的方法无法做到上述三点的话，可以教给学生一些不同的记笔记的方法，让学生尝试一下再决定哪种最适合他们使用。

**记笔记策略1：康奈尔笔记法**

康奈尔笔记法采用三栏体系，首先在中间栏按照老师讲课的顺序记下老师所讲的内容（见下例），在听课的同时，学生在左栏记下一些关键概念和好的建议。有时老师在上课时会直接点出那些关键概念，但也有时学生必须要认真听讲，然后自己总结归纳。学生应该将自己的感想和反馈记录在右栏中，在这一栏中，学生可以看写下一两个与自己个人经历有关的词汇、写下对听到的内容的情感反应，或者是就课堂讲述材料所想到的问题。第一栏和第三栏笔记内容可以当堂完成，也可以在下课之后，复习当天笔记的时候再完成。

我们应该使用相关材料在需要做笔记的课堂上将这种技巧模式化。学生可能需要特别帮助让他们能明确关键概念或者将学习材料应用于个人经历中，在整个指导过程中，老师都可以利用一些探讨性的问题来引导学生，例如，你能想起你自己生活中的什么事情跟这个有关吗？你的观点呢，同意还是反对？

如果老师给学生提供的是PPT笔记，那么学生可以使用荧光笔在笔记上标记出关键概念，并在空白处写出个人的反应和问题，这种笔记也需要被模式化。

**记笔记策略2：概念构图**

这种可视化策略就是使用图像组织将关键概念与细节联系起来。概念图的绘制首先要从中心主题开始（如今天课程的标题），然后在中心主题上可以加上一些分支，表示这节课的主要分部分，每一个分支上还可以再加上一些细节来解释或明确每个分支部分的内容（下面例子就是以第四单元的主题为基础绘制的）。

对于学生们来说，概念图比记笔记要更难习得，但是概念图可以帮助他们更容易地准备考试，掌握要复习的主要内容，教授这个技能的最好的方式就是将概念图模型化。当单独指导学生时，可以先从学生的课文中选取一章（例如社会研究或科学），教会学生如何绘制概念图，然后再教授学生将概念构图这种技能应用于课堂。给学生一个部分完整的概念图，然后让学生将之补充完整，这种方法可以帮助学生学会这种技能，老师也可以用这种方式慢慢退出这方面的指导。

## 康奈尔笔记法表格样本

姓名：_____    日期：_____    班级：_____
演讲主题：_____

| 关键词组和概念 | 流水笔记 | 思考、问题，与个人经历相联系 |
|---|---|---|
|  |  |  |

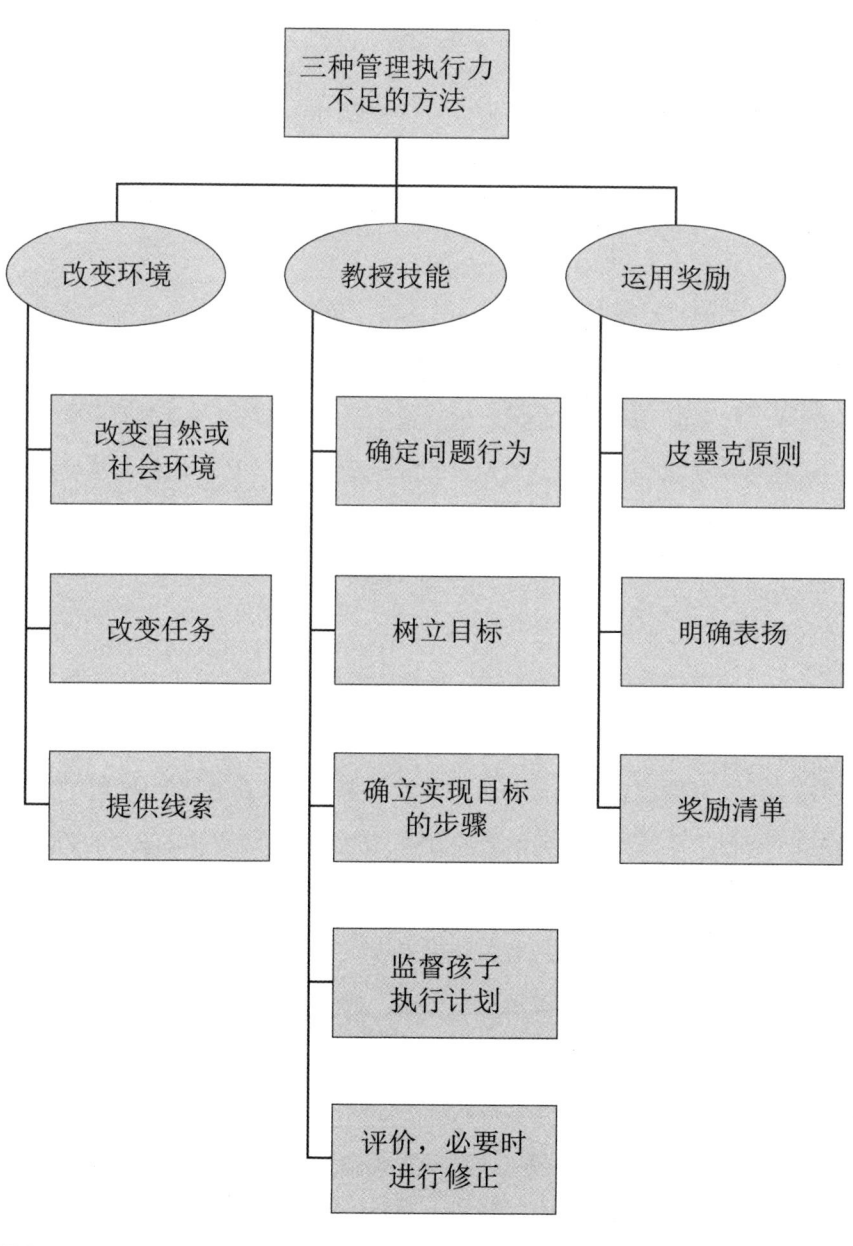

**概念图范例**

## 附录16　学会解决问题

涉及到的执行技能：元认知，灵活性，做计划

1. 与学生谈话并确定问题之所在，这通常需要三步：(1) 对学生强调，并让学生知道你了解他们的感受（"我能看出来这真的让你很难过"或"这一定让你非常难过哦"）；(2) 大致了解问题所在（"我直说吧，你之所以这么难过是因为课间休息的时候，你想与你的朋友玩，可是他不想跟你玩"）；(3) 缩小问题的范围，以便你可以开始动脑筋想出解决办法（"你课间出去休息时不知道该做什么"）。

2. 头脑风暴，想出解决办法。老师与学生一起想出尽可能多的解决方法。你可以设置时间期限（如两分钟），因为这样有时候可以加快这个过程或者让人感觉到这不像是一个开放式任务，写下所有可能的解决方案。在这个阶段，不要批评任何的解决方法，因为这样做会破坏学生的创造性想象的过程。

3. 要求学生仔细考虑所有的解决方法，并选出他们最喜欢的方法。你可以开始先要求学生选出三到五个方法，然后讨论每种方法的利弊，进一步缩小选择范围。

4. 询问学生他们在执行这些解决方法时是否需要帮助。

5. 说一下如果第一种解决方法不奏效该怎么办。如果第一种解决方案无效，那么就应该选择另外一种方案，并使用这种方法。

6. 表扬想出好的解决方法的学生，并且在学生执行了这种方法之后，再一次对学生提出表扬。这是一种标准的问题解决方法，可以被应用于各

种问题，包括人际关系问题和阻碍学生达成目标的障碍。有时候最好的解决办法就是要想出办法克服障碍，然而有的时候也要帮助学生面对现实，让他们认识到他们想得到的东西是不切实际的，无法得到。

有的时候问题解决的过程可能是一种"谈判"，在谈判中，你和学生要达成一致，最终得到一个满意的解决方法。在这种情况下，你要向学生解释你提出的任何解决方案，并让学生了解你们两人都可以从中受益。你可以对学生举个劳动合同谈判的例子，老板和员工进行谈判，并最终达成合同，双方都可以从中受益。

当你帮助学生使用这个过程和工作表解决了若干个问题之后，学生就可以独立使用这份表格。因为你的目标是培养学生独立解决问题的能力，就可以要求学生独自填写下列问题解决表，如果必要的话再向你寻求帮助，最终，学生会将整个问题解决过程内在化，并能够迅速解决问题。

## 学会解决问题

| 问题是什么? |
|---|
| |

| 我可以用哪些方法来解决问题? |
|---|
| |

| 我先尝试哪种方法? |
|---|
| |

| 如果这种方法行不通,我应该怎么做? |
|---|
| |

| 进展如何? 我的解决办法是否有效? |
|---|
| |

| 下次我应该做哪些改进? |
|---|
| |

## 附录17　目标达成情况等级表

| 目标达成等级 | 行　为 |
|---|---|
| -2（远远低于预期） | |
| -1（稍低于预期） | |
| 0（预期结果水平） | |
| 1（稍高于预期） | |
| 2（远远高于预期） | |
| 检查时间 | 检查：_____ 每天 _____ 每周<br>_____ 其他情况（具体说明）：_____ |

# 附录18　评价量表

被评估技能：_____

| 因素 | 标　准 | | | | 分数 |
|---|---|---|---|---|---|
| | 4 | 3 | 2 | 1 | |
| | | | | | |
| | | | | | |
| | | | | | |
| | | | | | |
| | | | | 总得分 | |

## 附录19 介入反应模式（RTI）进度监督表

学生姓名：

| 等级 | 干预 | 起始日 | 评审日 | 成功的标准 | 评测程序 | 结果 | 下一步 |
|---|---|---|---|---|---|---|---|
|  |  |  |  |  |  |  |  |
|  |  |  |  |  |  |  |  |
|  |  |  |  |  |  |  |  |

# 附录20　指导工作说明

**先备知识/技能/培训/经验**

❏ 与各种人清晰地和圆滑地沟通的技能，包括与父母、学生、老师和其他一些专业人士。沟通技能包括：转述、反应式倾听、开放式提问、支架式教学和提供清晰指导和有效表扬的能力。

❏ 执行技能不足方面的专业知识，以及这些知识如何影响不同发展阶段的学生在学校的表现。

❏ 有效计划和组织的技能，包括管理时间的能力、保持对指导时间的记录、以图表的形式收集和描述客观数据，并评价在达成商定目标的过程中指导的功效。

❏ 问题解决方面的技能。当出现困难的时候，老师可以帮助学生和指导网络中的其他人（例如家长、教师、项目负责人等）确认困难，并想出办法来克服这些困难，让学生重新回到正轨。

❏ 对学校的文化和组织要有基本的了解，老师还应该知道任课老师对学生的期望，包括：如何布置作业、如何检查作业、如何完成作业，以及不同年龄阶段学生适合的打分系统。

**工作职责**

老师的工作就是对学生进行指导，帮助他们发展有效的执行技能，例如，时间和任务管理、计划/优先次序、组织条理性、设定和完成长期目标。具体的指导功能包括：

❏ 与学生通过面对面的方式、电话或者电子邮件进行沟通，帮助他们制订每日作业计划，了解长期作业的上交时间以及考试时间，将长期作业分解成小的任务，并制定时间表。

❏ 经常与任课教师或学校项目负责人沟通，了解学生的在校表现，包括：未交作业的信息、即将来临的作业和考试、考试或测验的分数以及其他的一些到期日和课堂任务等。

❏ 与家长联系，让家长了解指导课程的进展以及存在的一些问题，关于在共同商定目标的达成方面的指导功效，给家长提供具体的客观的数据。

❏ 解决家长、学生或老师之间的纷争，帮助他们纠正一些反复出现的问题。

# 附录21　家长许可信

亲爱的家长：

　　_____中学/高中开发了一个项目，我们称之为"指导"，这种指导可以为那些高危学生提供学业上的支持，帮助他们学好各门功课，并通过各科考试。您的儿子/女儿表现出了对这种指导的兴趣，我们需要征得您的同意。

　　如果您同意，我们会给您的儿子/女儿配备一个指导老师，指导老师的工作就是每天与学生见面10~15分钟，帮助学生做好时间管理和任务管理，并最终取得学业成功。指导不是在课堂上进行，而是在孩子们的业余时间进行，如午餐时间、自习时间、或放学前后等。

　　指导老师会利用这些时间在如下方面对学生进行指导：（1）回顾所有的家庭作业，包括每日家庭作业，即将到来的考试，长期项目或作文；（2）将长期任务分解成小任务，并制定时间表；（3）为考试制订学习计划；（4）制定当天作业计划；（5）监督计划执行情况，并跟踪作业完成情况。老师会至少每周与任课教师沟通一次，沟通学生未交作业情况，并复检长期任务。指导包含指导的成分，为的是学生可以逐渐承担越来越多的指导任务，老师输入的内容也会越来越少。当您的孩子取得了成功，指导课进行的频率就会逐渐减小。

　　指导对于差生来说是一种有效的干预，对于那些本来就学习不错但还想做得更好的学生同样有效。我们希望您能同意您的孩子参加指导课，如果您同意的话，请您在这封信的底部签名，并将家长许可信在年底之前返

附 录

回。如果关于这个项目您还有什么问题，请跟我联系。

_____ 电话或 _____ 电子邮件

此致

_____ 初中/高中指导解调人

敬礼

--------------------------------------------------

_____，是的，我同意 _____ 参加指导。

_____ 我很感兴趣，但是希望能跟项目协调人谈一下，可以与我电话联系：_____

_____，不用了，多谢。

_____

（家长签字）

## 附录22　指导协调员汇总表

| 学生 | 指导老师 | 会面时间 | 会面地点 | 当前目标 | 日程变化 | 目标变化 |
|---|---|---|---|---|---|---|
|  |  |  |  |  |  |  |
|  |  |  |  |  |  |  |
|  |  |  |  |  |  |  |
|  |  |  |  |  |  |  |
|  |  |  |  |  |  |  |
|  |  |  |  |  |  |  |
|  |  |  |  |  |  |  |
|  |  |  |  |  |  |  |

## 附录23　指导协调员每周检查表

第_____周

| 学生 | 第__次指导课 | 缺课原因 | 每日目标得分 | 指导过程评价 |
|---|---|---|---|---|
|  |  |  |  |  |
|  |  |  |  |  |
|  |  |  |  |  |
|  |  |  |  |  |

*每日目标得分是以学生在本周内每天的目标完成比例为基础的，按下列等级打分：
<10%—1；10%~25%—2；25%~50%—3；51%~75%—4；75%~100%—5

## 附录24A　指导反馈表——学生版

**告诉我们，你对下列陈述同意或反对，并按下列等级进行评定：**

　　5—非常同意

　　4—基本同意

　　3—不确定

　　2—基本不同意

　　1—完全反对

与我接受指导之前相比，我……

1. 完成的家庭作业更多了。　　　　　　　　　5　4　3　2　1

2. 有更多的次数能及时上交作业。　　　　　　5　4　3　2　1

3. 用于复习考试的时间更长了。　　　　　　　5　4　3　2　1

4. 在考试/测验中取得了更好的分数。　　　　 5　4　3　2　1

5. 在家庭作业上取得更高分数。　　　　　　　5　4　3　2　1

6. 能够更好地应对长期作业，例如，不会把这种作业留到要交的时候才做。　　　　　　　　　　　　　　　5　4　3　2　1

7. 因为违反纪律被要求课后留校或被点名批评的次数少了。
　　　　　　　　　　　　　　　　　　　　　5　4　3　2　1

8. 不会在班上或学校里惹麻烦了。　　　　　　5　4　3　2　1

**告诉我们下列指导方案对你是否有帮助，用下列等级进行评价。**

　　4—非常有帮助

　　3—有些帮助

2—不确定

1—无帮助

1. 每天或定期与我的老师联系。　　　　　　　4　3　2　1

2. 设定每日目标。　　　　　　　　　　　　　4　3　2　1

3. 谈论我是否完成目标（回顾每日计划）。　　4　3　2　1

4. 制订每日工作计划。　　　　　　　　　　　4　3　2　1

5. 让我的老师提醒我可能忘记的事情。　　　　4　3　2　1

6. 从老师那里得到帮助,帮我解决学业或社交问题。　4　3　2　1

7. 从老师那里得到一些关于具体策略方面的建议,例如,如何复习考试、如何写作文、管理时间等。　　　　　　4　3　2　1

8. 我的指导老师与我的任课教师联系,确定我最近是否进展良好。

　　　　　　　　　　　　　　　　　　　　　4　3　2　1

9. 让指导老师听我发泄情绪,诉说一些学校里的问题。　4　3　2　1

指导课程在哪些方面最有效？

指导课程可以如何进行改进？

其他意见：

## 附录24B　指导反馈表——老师版

**告诉我们，你对下列陈述同意或反对，并按下列等级进行评定。**

　　5—非常同意

　　4—基本同意

　　3—不确定

　　2—基本不同意

　　1—完全反对

指导课帮助这个学生……

| | |
|---|---|
| 1. 完成了家庭作业。 | 5  4  3  2  1 |
| 2. 按时上交家庭作业。 | 5  4  3  2  1 |
| 3. 花时间复习考试。 | 5  4  3  2  1 |
| 4. 在考试/测验上取得更高的分数。 | 5  4  3  2  1 |
| 5. 在作业上取得更高的分数。 | 5  4  3  2  1 |
| 6. 能够做好长期作业，例如不会把作业留到最后再做。 | 5  4  3  2  1 |
| 7. 不再因为违反纪律被要求课后留校或提名批评。 | 5  4  3  2  1 |
| 8. 不再在班级或学校里惹麻烦。 | 5  4  3  2  1 |

**告诉我们你认为不同的指导方案对学生是否有帮助，用下列等级进行评价。**

　　4—非常有帮助

　　3—有些帮助

2—不确定

1—无帮助

| | |
|---|---|
| 1. 每天或定期与指导老师联系。 | 4 3 2 1 |
| 2. 设定每日目标。 | 4 3 2 1 |
| 3. 谈论学生是否完成了目标（回顾每日计划）。 | 4 3 2 1 |
| 4. 制订每日工作计划。 | 4 3 2 1 |
| 5. 指导老师提醒学生一些他可能会忘记的事情。 | 4 3 2 1 |
| 6. 帮助学生解决学业或社交问题。 | 4 3 2 1 |

7. 在具体学习策略上给学生提出一些建议，例如，如何复习考试、如何写作文、管理时间等。　　　　　　　　　　　　4 3 2 1

8. 与任课教师联系，确定学生最近是否进展良好。　4 3 2 1

9. 倾听学生发泄情绪，听他诉说一些学校里的问题。　4 3 2 1

指导课程在哪些方面最有效？

指导课程可以如何进行改进？

其他意见：

## 附录25　数学学习目标计分表

| 学生 _____ | | 任务 | 老师 _____ | |
|---|---|---|---|---|
| 等级评定 | | | 等级评定 | |
| 自己 | 老师 | | 自己 | 老师 |
| 1 2 3 | 1 2 3 | 带齐学习资料 | 1 2 3 | 1 2 3 |
| 1 2 3 | 1 2 3 | 坚持完成任务 | 1 2 3 | 1 2 3 |
| 1 2 3 | 1 2 3 | 完成任务<br>（按时/经过矫正） | 1 2 3 | 1 2 3 |
| 1 2 3 | 1 2 3 | 达成目标 | 1 2 3 | 1 2 3 |

**带齐学习资料：**
　　3 = 带了铅笔，数学学习目标计分表，学习文件夹
　　2 = 忘带上面中的一种
　　1 = 忘记上面所列资料中的两种

**坚持进行工作：**
　　3 = 不需提醒，完成任务
　　2 = 在指导时需要一次提醒
　　1 = 在指导之后，需要任课老师进行提醒。

**完成工作和达成目标：**
　　3 = 与之前相比表现有所改善
　　2 = 与昨天取得同样分数
　　1 = 比昨天的分数低

# 附录26 独立工作时间计分表

| 学生 _____ | | | 老师 _____ | |
|---|---|---|---|---|
| 等级评定 | | | 等级评定 | |
| 自己 | 老师 | 工作 | 自己 | 老师 |
| 1 2 3 | 1 2 3 | 听取指导 | 1 2 3 | 1 2 3 |
| 1 2 3 | 1 2 3 | 坐在座位上 | 1 2 3 | 1 2 3 |
| 1 2 3 | 1 2 3 | 坚持进行工作 | 1 2 3 | 1 2 3 |
| 1 2 3 | 1 2 3 | 完成工作或寻求帮助 | 1 2 3 | 1 2 3 |

**听取指导**

  3 = 立即开始工作

  2 = 需要指导老师的指导

  1 = 需要任课教师的指导

**坐在座位上**

  3 = 坐在座位上，不需提醒

  2 = 离开座位一次，在指导老师提醒下又回到座位

  1 = 离开座位不止一次

**坚持进行工作**

  3 = 参加工作，不需提醒

  2 = 需要指导老师提醒一次

  1 = 在指导课之后需要任课老师提醒

**完成工作**

  3 = 完成所有工作

  2 = 完成大多数工作

  1 = 完成一点工作

# 附录27　上午指导行为计分表

| 学生 _____ | | 任务 | 老师 _____ | |
| --- | --- | --- | --- | --- |
| 等级评定 | | | 等级评定 | |
| 自己 | 老师 | | 自己 | 老师 |
| 1　2　3 | 1　2　3 | 认真听讲 | 1　2　3 | 1　2　3 |
| 1　2　3 | 1　2　3 | 举手发言 | 1　2　3 | 1　2　3 |
| 1　2　3 | 1　2　3 | 安静地坐在座位上 | 1　2　3 | 1　2　3 |
| 1　2　3 | 1　2　3 | 听从指挥 | 1　2　3 | 1　2　3 |

3 = 不需提醒
2 = 需要指导老师提醒一次
1 = 需要指导老师或其他任课老师两次或更多次提醒

# 附录28　日终例行计分表

| 学生　　　　　　　　 | | | | 工作 | 老师　　　　　　　　 | | | |
|---|---|---|---|---|---|---|---|---|
| 等级评定 | | | | | 等级评定 | | | |
| 自己 | | 老师 | | | 自己 | | 老师 | |
| 1 2 3 | | 1 2 3 | | 书桌收拾干净/擦干净 | 1 2 3 | | 1 2 3 | |
| 1 2 3 | | 1 2 3 | | 学习工具都放回原处，如铅笔放回文具盒 | 1 2 3 | | 1 2 3 | |
| 1 2 3 | | 1 2 3 | | 文件夹放至正确位置 | 1 2 3 | | 1 2 3 | |
| 1 2 3 | | 1 2 3 | | 各种通知和家庭作业资料放入背包 | 1 2 3 | | 1 2 3 | |

**书桌收拾干净/擦干净**
　　3 = 书桌干净，没有任何东西
　　2 = 书桌上还留有一件物品或桌面不干净
　　1 = 物品都在外面，并且桌面不干净

**学习工具都放回原处**
　　3 = 所有的个人物品都被放好
　　2 = 一件物品留在外面
　　1 = 两件或更多件物品留在外面

**文件夹放至正确位置**
　　3 = 文件夹放至正确位置，如作文、数学题
　　2 = 一个文件夹未放好
　　1 = 两个或更多文件夹放在外面或者丢失

**各种通知和家庭作业资料放入背包**
　　3 = 所有的资料都放入背包
　　2 = 丢失一份通知或作业表
　　1 = 不止一份通知或作业表没有放入背包，或者丢失

# 附录29 空白记录表

SCORE SHEET FOR : _____

| 学生 _____ 等级评定 | | 工作 | 老师 _____ 等级评定 | |
|---|---|---|---|---|
| 自己 | 老师 | | 自己 | 老师 |
| 1 2 3 | 1 2 3 | A. | 1 2 3 | 1 2 3 |
| 1 2 3 | 1 2 3 | B. | 1 2 3 | 1 2 3 |
| 1 2 3 | 1 2 3 | C. | 1 2 3 | 1 2 3 |
| 1 2 3 | 1 2 3 | D. | 1 2 3 | 1 2 3 |

**工作组成部分描述:**

A. _____
    3. _____
    2. _____
    1. _____

B. _____
    3. _____
    2. _____
    1. _____

C. _____
    3. _____
    2. _____
    1. _____

D. _____
    3. _____
    2. _____
    1. _____

## 附录30　班级小组和老师花名册

| 桔色队 | 周一 | 周二 | 周三 | 周四 | 周五 | 总分 | 紫色队 | 周一 | 周二 | 周三 | 周四 | 周五 | 总分 |
|---|---|---|---|---|---|---|---|---|---|---|---|---|---|
| | | | | | | | | | | | | | |
| | | | | | | | | | | | | | |
| | | | | | | | | | | | | | |
| | | | | | | | | | | | | | |
| | | | | | | | | | | | | | |
| | | | | | | | | | | | | | |
| | | | | | | | | | | | | | |
| | | | | | | | | | | | | | |
| | | | | | | | | | | | | | |
| | | | | | | | | | | | | | |
| | | | | | | | | | | | | | |
| | | | | | | | | | | | | | |
| | | | | | | | | | | | | | |
| | | | | | | | | | | | | | |
| | | | | | | | | | | | | | |
| | | | | | | | | | | | | | |
| | | | | | | | | | | | | | |

# 附录31　同侪教练的互助指导步骤

1. 与 _____ 一起选择每日目标，并每天早晨将目标写在"每日目标记录表"中。

2. 在指导的起始阶段，提醒 _____ 他/她的目标。

3. 在指导期间，看看 _____ 正在做什么。

4. 在指导课程末尾，在"每日目标记录表"中 _____ 的评价等级部分圈出你对学生的评价级别。

5. 在"每日目标记录表"和"每周目标记录表"中记录 _____ 一天所得的分数。

6. 将"每日目标记录表"放入同侪指导文件夹中。

# 附录32  学生每日目标设定步骤

1. 每天早晨你和_____一起选择一个目标，并将之写在"每日目标记录表"上。

2. 在指导的起始阶段，_____会提醒你你的目标是什么。

3. 你将试着达成目标，在这期间_____会监督你的工作。

4. 在指导结尾，在"每日目标记录表"中_____的评价等级部分圈出你的评价。

5. 你和_____将在"每日目标记录表"和"每周目标记录表"上记录你所得的分数。

6. 你和_____将"每日目标记录表"放在同侪指导夹中。

# 附录33　每日目标记录表

姓名：_____　　日期：_____

### 我的目标是：

_____

_____

_____

### 我完成的怎么样？

我的等级评定（圈出一个）：

| 不令人满意的 | 需要改进 | 令人满意的 | 成绩优异 |
| 1 | 2 | 3 | 4 |

_____的等级评定（圈出一个）：

| 不令人满意的 | 需要改进 | 令人满意的 | 成绩优异 |
| 1 | 2 | 3 | 4 |

今天的分数：_____

# 附录34　奖励清单

奖励一：_____

奖励二：_____

奖励三：_____

**获得奖励的得分范围**

奖励三：平均得分3~3.9分

奖励二：平均得分4~4.9分

奖励一：5分

## 附录35 每周目标记录表

| | 分数 | | | | | | |
|---|---|---|---|---|---|---|---|
| | 星期一 | 星期二 | 星期三 | 星期四 | 星期五 | 平均得分 | 可得奖励 |
| 第一周 | | | | | | | |
| 第二周 | | | | | | | |
| 第三周 | | | | | | | |
| 第四周 | | | | | | | |
| 第五周 | | | | | | | |
| 第六周 | | | | | | | |
| 第七周 | | | | | | | |
| 第八周 | | | | | | | |
| 第九周 | | | | | | | |
| 第十周 | | | | | | | |

## 附录36　给特定学生家长的信

日期：_____

尊敬的_____：

　　给您写这封信是为了告诉您，您的孩子_____在本周的目标达成表现。

　　在本周，他/她共得了_____分，达到/未达到设定的目标。

　　他得到的奖励是_____。

其他意见：

　　此致
敬礼

## 附录37　给同侪教练家长的信

日期：_____

尊敬的_____：

　　给您写这封信是为了让您了解您的孩子_____与_____本周一起学习的情况。

　　在本周，他们共得了_____分，达到/未达到本周设定目标。

　　他们所得奖励为：_____。

　　其他意见：



　　此致
敬礼

# 附录38 指导效果总问卷

在每周的周会上,学生是否能向你说明同侪指导的步骤?

每天早晨一起选择目标,并将目标记录下来。　　　　　　是　否

同侪教练提醒学生他的目标。　　　　　　　　　　　　　是　否

学生努力完成目标,同侪教练进行检查。　　　　　　　　是　否

圈出等级。　　　　　　　　　　　　　　　　　　　　　是　否

在"每日目标记录表"和"每周目标记录表"上记录分数。　是　否

点评:_____

_____


学生是否每天都记得填写表格?　　　　　　　　　　　　是　否

在一周中,学生是否忘记了一些步骤?　　　　　　　　　是　否

如果他们忘了,他们忘记的是哪些步骤?

_____

_____

本周内存在哪些问题/挑战?

_____

_____

_____

「常青藤」教育书系·重磅推荐 ∨∨∨

# 《从优秀教师到卓越教师：极具影响力的日常教学策略》

作 者：（美）安奈特·布鲁肖
　　　　托德·威特克尔
ISBN：978-7-5153-1237-8
开 本：16
页 码：336
定 价：33.80元

★ 高效：一天一个简单易学的方法，5分钟就能让你的教学效果"立竿见影"
★ 实用：180天，闲暇之时就能轻松学习新理论、新方法、新智慧
★ 专业：美国备受欢迎的教育家与数千名卓越教师的无私分享，让你获得全新的教学视野
★ 影响力：美国教育界人人称赞的教师培训项目二十余年的宝贵经验

　　本书是一本覆盖全学年的实用教学指南，一共包含180天，几乎覆盖了整个学年的教学时间，每一天为教师提供一个与教学相关的方法、策略或者行动建议，以提高教学的有效性。教师每天只需花几分钟的时间，就能获得新进步、新收获。

　　作为一名教师，由于肩负着众多的责任，所以很容易顾此失彼，看重一些我们本无须看重的东西，忽略一些我们本不该忽略的东西。因此，每一天，我们都需要提醒自己做自己该做的事情。本书将在你教学的每一天为你送上温馨的提醒、善意的建议、周全的行动计划。

# 像冠军一样教学：
## 引领学生走向卓越的62个教学诀窍

ISBN：9787515343488
作者：[美]道格·莱莫夫
2016-9　定价：49.00元
上架建议：畅销书　教师用书

入选《中国教育报》2016年度"教师喜爱的100本书"
入选中国教育新闻网2016年度"影响教师的100本书"

- 只要掌握技巧，没有教不会的学生
- 一套已被证明适合每一所学校和每一个教师课堂的实用教学工具
- 《纽约时报》《华盛顿邮报》《大西洋月刊》等权威媒体重磅推荐
- 伟大的教师不是天生的，而是后天造就的。事实上，每一位教师都可以选择加倍努力来完善自己，最终成为你想成为的教师。本书涉及的62个教师技巧，一直被大多数教师实践，所有遵循这些方法的教师，都成功掌控了自己的课堂。

---

**内容简介：**

《像冠军一样教学：引领学生走向卓越的62个教学诀窍》的作者多年来观察教学成效出色的冠军教师，从他们的教学技巧中整理归纳出一套实用的教学手册，清晰易懂又容易上手，能帮助新手教师更快进入状况，快速提升教学效果；帮助老教师直达教育本质，沉淀教学精华；帮助学生发挥更大潜力，在未来拥有更多机会。

全书在一个个引人入胜的教学案例中，为教师提供了62个操作简便、高效实用的教学技巧，每章末均附有切实可行的培训练习，帮助教师进一步理解和反思他们的教学行为，以更好地引导学生专注学习，发挥更大潜力。

**作者简介：**

道格·莱莫夫是美国作家、教育家、著名教师培训导师。毕业于哈佛大学。

道格是美国教育界专家。不仅如此，他还是全美教师培训界备受关注的导师，他在观察几千堂"不可思议"的高效课堂后，归纳出冠军教师所需要的62个教学诀窍，他关于教学的理念和方法，一直被大多数教师实践，所有遵循这些方法的人，都成功掌控了自己的课堂和生活，并从中获得了无限快乐和幸福。

他还撰写了《练习的力量：把事情做到更好的42法则》。

# 高度参与的课堂：提高学生专注力的沉浸式教学

ISBN：978-7-5153-5752-2
作者：[美] 罗伯特·J. 马扎诺
　　　黛布拉·皮克林
　　　塔米·赫夫尔鲍尔
定价：39.90元

入选中国教育网2019年度"影响教师的100本书"，让学生参与变成一种常态

- 美国教育界专家、马扎诺研究中心创始人倾情力作
- 教师人手一本的实践教学指南
- 帮助教师更轻松管理课堂，帮助学生更容易融入课堂

---

**内容简介：**

　　**本书涉及的课堂实践可以积极地影响学生的专注力和参与度。** 学生在课堂上的高度参与显然是高效教学的核心方面之一。如果学生不积极参与，他们就几乎没有机会学到课堂上的知识。利用本书中提出的实用性建议，每位教师都可以创造一个课堂环境，让学生对以下四个问题产生积极应答，让学生参与变成一种课堂常态：

　　·我感觉如何？　　·我感兴趣吗？　　·这重要吗？　　·我能做到吗？

　　**本书阐述了教学视角的根本性改变。** "我感觉如何"关乎学生情感，"我感兴趣吗"关乎课堂吸引程度，这两个问题和专注力有关。"这重要吗"探讨学生如何将课堂目标与个人目标联系起来，"我能做到吗"说的是如何培养学生的自我效能感，这两个问题涉及长期的课堂参与，对这两个问题的解决，也为教师、学校开辟了新的教学视角。除了专注于教授学生学术内容，教师还应让学生意识到，他们认为什么是重要的，以及他们的思维模式如何对他们的生活产生积极或消极的影响。这种意识可以帮助学生学到更重要、更具影响力的知识。

**作者简介：**

　　**罗伯特·J. 马扎诺博士**，美国教育界专家，马扎诺研究中心联合创始人兼首席执行官，著名演讲者、培训师和作家。他将全新的研究和理论转化为课堂实践，在国际上广为人知，并被教师和管理人员广泛应用。

　　**黛布拉·皮克林博士**，马扎诺研究中心高级学者，致力于为众多学校和地区提供教育咨询。作为一名课堂教师、教育界领导者和学区行政管理人员，皮克林博士在其整个教育生涯中获得了丰富的实践经验。

　　**塔米·赫夫尔鲍尔博士**，马扎诺研究中心副总裁，同时也是一名教育顾问。赫夫尔鲍尔博士在密苏里州堪萨斯城开始了她的教学生涯，后来搬到内布拉斯加州，在那里获得了地区杰出教师奖。